农民培训精品系列教材

乡村振兴
与"头雁"使命担当

孙国强 王 丽 张国伟 段伟伟 王耀红◎主编

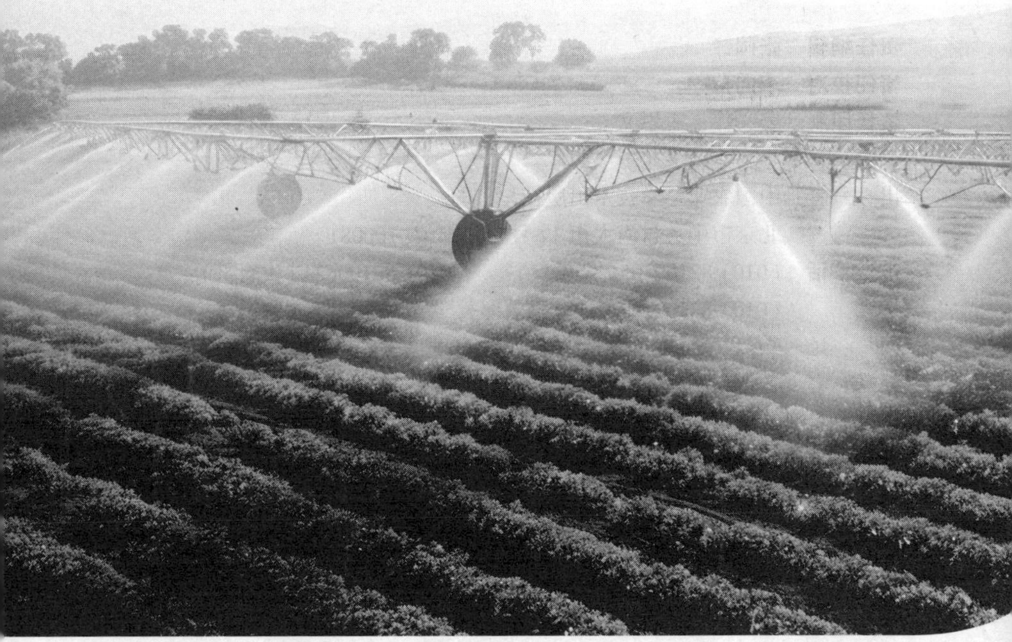

中国农业科学技术出版社

图书在版编目(CIP)数据

乡村振兴与"头雁"使命担当／孙国强等主编．--北京：中国农业科学技术出版社，2024.4
 ISBN 978-7-5116-6765-6

Ⅰ.①乡…　Ⅱ.①孙…　Ⅲ.①农村-社会主义建设-研究-中国　Ⅳ.①F320.3

中国国家版本馆 CIP 数据核字(2024)第 075246 号

责任编辑	张国锋
责任校对	李向荣
责任印制	姜义伟　王思文

出 版 者	中国农业科学技术出版社
	北京市中关村南大街 12 号　邮编：100081
电　　话	(010) 82109705 (编辑室)　(010) 82106624 (发行部)
	(010) 82109709 (读者服务部)
网　　址	https://castp.caas.cn
经 销 者	各地新华书店
印 刷 者	北京富泰印刷有限责任公司
开　　本	145 mm×210 mm　1/32
印　　张	4.75
字　　数	136 千字
版　　次	2024 年 4 月第 1 版　2024 年 4 月第 1 次印刷
定　　价	38.80 元

◀━━ 版权所有·翻印必究 ━━▶

《乡村振兴与"头雁"使命》编写人员

主　编　孙国强　　王　丽　　张国伟　　段　
　　　　　王耀红

副主编　柴玉鑫　　梁莉莉　　马志坚　　帅　朋
　　　　　张晓东　　银金香　　郭　旭　　俊英
　　　　　王乐光　　王秀荣　　涂红燕　　刘玲俏
　　　　　罗　曦　　张菲菲　　朱翠娟　　刘　帅
　　　　　张晓儒　　李浩天　　戴志宏　　张　颖
　　　　　任继宽　　邓　强　　康家运　　武兴华
　　　　　何军城　　何昕雨　　马亚红　　宫玉娟
　　　　　黄朝林　　曹彩霞　　石新明

编　委　张晓玲　　张丈利　　王玉平　　卿小艳
　　　　　王文福　　孙　娜　　周　莹　　黄利萍
　　　　　吴海龙　　朱家海

前　　言

　　实现巩固拓展脱贫攻坚成果同乡村振兴有效衔接，不仅要做好脱贫衔接工作，避免政策"急刹车"，还要有效深化农村改革，释放人力资源，更要培育乡村"造血"和"头雁"机制，打造特色产业体系，通过创新乡村经营方式，鼓励引入多方资本，提升农村公共服务水平，改善乡村风貌品质。

　　全书紧扣实施乡村振兴战略，重点从我国乡村振兴战略的背景及重要意义，紧密结合各地推进乡村振兴战略过程中的实践探索，阐述新时期乡村振兴过程中"头雁"的重要意义与实施路径，包括乡村振兴总体思路和社会治理，以及过程中涉及的人力资源培养，力争做到既有理论深度，又有政策实施的可行性，对推动"三农"发展、深入实施乡村振兴战略具有较强的理论和实践指导价值。本书紧紧围绕乡村振兴战略，希望对乡村振兴工作起到一定的参考作用。

编　者

目 录

第一章 乡村振兴的实施背景 … 1
第一节 乡村振兴的总体要求 … 1
第二节 乡村振兴是实现共同富裕的必经之路 … 3
一、把握农业农村发展的阶段性特征 … 5
二、促进农民增收是关键 … 6
三、提升农业供给质量是主线 … 7
四、推进城乡一体化建设是基础 … 8

第二章 乡村振兴的总体思路与核心要素 … 9
第一节 乡村振兴的总体思路 … 9
第二节 乡村振兴的核心要素 … 11

第三章 特色产业扶贫模式的背景及意义 … 15
第一节 推进特色产业扶贫模式的研究背景 … 15
一、从改革开放史看 … 15
二、从发展机遇上看 … 19
三、从面临的挑战看 … 25
第二节 推进特色产业扶贫模式的重要意义 … 27
一、有助于实现巩固拓展脱贫攻坚成果同乡村振兴有效衔接 … 27
二、有助于推动我国城乡融合发展 … 28
三、有助于提高我国农民收入 … 29
四、有助于推进农村改革开放 … 30
五、有助于实现农业农村现代化 … 30

第四章 以高质量乡村振兴推动农业农村现代化 … 32
第一节 加快发展乡村特色产业化 … 32

一、基于资源禀赋谋划特色产业 …… 33
　　二、构建G型特色产业格局 …… 34
　　三、推进特色产业集群建设 …… 34
　第二节　推进农村三产融合立体化 …… 35
　　一、建立股份合作制经济组织 …… 35
　　二、重点建设"三个链条" …… 37
　　三、开展衔接示范区创建 …… 37
　第三节　推动城乡融合发展一体化 …… 38
　　一、把县域作为城乡融合发展的重要切入点 …… 38
　　二、实施乡村建设行动 …… 38
　　三、丰富农民的精神文化生活 …… 39
　　四、打造美丽宜居的生活环境 …… 39
　第四节　实现农民增收渠道多元化 …… 40
　　一、把小农户融入产业链挣薪金 …… 40
　　二、深化农村集体产权制度改革赚租金 …… 40
　　三、壮大农村集体经济分红金 …… 41
　　四、做好三次分配收善金 …… 42
　第五节　开创党建引领多元一体化 …… 43
　　一、正确把握农业农村发展新的历史定位 …… 43
　　二、强化创新驱动的政策措施保障 …… 43
　　三、提升党领导"三农"工作的能力和水平 …… 44

第五章　乡村社会保障和社会治理 …… 46
　第一节　推进农村社会事业 …… 46
　　一、农村社会事业发展历程 …… 46
　　二、农村社会事业发展面临的问题及原因 …… 48
　　三、农村社会事业健康发展策略 …… 53
　第二节　健全乡村治理体系 …… 60
　　一、坚持党的领导时刻不能动摇 …… 60
　　二、坚持基层自治是核心 …… 62

三、坚持依法自治是保障 …………………………………… 63
　　四、坚持以德治村是基础 …………………………………… 64
　　五、弘扬传统文化是抓手 …………………………………… 67
　　六、关爱"留守儿童",关心"空巢老人" ………………… 68
　　七、建设乡村信用体系,营造诚信氛围 …………………… 70
　　八、运用互联网技术,推进乡村数字化建设 ……………… 71
　第三节　大力发展社会组织 …………………………………… 72
　　一、社会组织的特点和优势 ………………………………… 74
　　二、社会组织参与乡村振兴的困境 ………………………… 76

第六章　乡村治理中的"头雁"使命担当 ……………………… 79
　第一节　夯实乡村振兴的政治根基 …………………………… 79
　　一、努力坚定农村基层党员的政治信仰 …………………… 79
　　二、不断提高农村基层党员干部政治本领 ………………… 80
　　三、全面净化农村基层党组织的政治生态 ………………… 81
　第二节　巩固乡村治理的组织基础 …………………………… 82
　　一、构建高效活动网络,提升组织影响力 ………………… 82
　　二、优化制度机能设计,建强组织执行力 ………………… 83
　第三节　满足农民群众多元化需求 …………………………… 84
　　一、创新服务理念 …………………………………………… 84
　　二、拓宽服务领域 …………………………………………… 85
　　三、组建服务队伍 …………………………………………… 85
　　四、改进服务方式 …………………………………………… 86
　第四节　激发主流价值思想的精神动力 ……………………… 87
　　一、充分挖掘各类乡村人文资源 …………………………… 87
　　二、创新转化乡村优秀传统文化 …………………………… 88
　　三、加强新时代公民道德建设 ……………………………… 89
　第五节　乡村治理中"头雁"责任与担当 …………………… 90
　　一、乡村治理中"头雁"的角色担当 ……………………… 90
　　二、乡村治理中"头雁"的角色调适路径 ………………… 91

第七章　乡村创业致富农产品品牌创建与保护 …… 94
第一节　农产品品牌价值的创建 …… 94
一、品牌理论 …… 94
二、品牌价值的现实意义 …… 95
三、农产品品牌创建 …… 96
第二节　农产品的商标战略 …… 99
一、商标的含义 …… 100
二、商标的保护要件 …… 100
三、商标权的保护 …… 105
四、商标侵权行为 …… 106
第三节　农产品地理标志战略 …… 110
一、地理标志的概念 …… 110
二、地理标志权的概念及特征 …… 111
三、目前地理标志保护制度 …… 111

第八章　乡村振兴战略的"头雁"作用 …… 115
第一节　引领乡村振兴战略 …… 115
一、加强学习，将理论与实践结合 …… 115
二、了解民意，以满足民众福祉为先 …… 115
三、创新农业，谋求农村发展之道 …… 116
四、狠抓党建，打造扎实能干的村干部队伍 …… 116
第二节　助力乡村振兴的内在逻辑与优化路径 …… 116
一、工作职责 …… 116
二、重要功能 …… 117
三、乡村干部发挥的作用分析 …… 119

第九章　乡村振兴人才队伍建设 …… 124
第一节　新型"三农"工作队伍助推乡村振兴战略 …… 124
一、懂农业 …… 124
二、爱农村 …… 125
三、爱农民 …… 125

四、会谋划 …………………………………………… 126
　　五、敢担当 …………………………………………… 126
　　六、善创新 …………………………………………… 127
　　七、乐奉献 …………………………………………… 128
　第二节　新型职业农民培养政策解读与案例分析 ………… 128
　　一、什么是新型职业农民 …………………………… 128
　　二、国家培育新型职业农民的相关政策解读 ……… 130
　　三、新型职业农民带动乡村振兴的典型案例分析 ……… 132
　　四、新型职业农民培育过程中存在的问题及解决对策 ……… 136
参考文献 ………………………………………………………… 140

第一章 乡村振兴的实施背景

第一节 乡村振兴的总体要求

习近平总书记指出:"脱贫摘帽不是终点,而是新生活、新奋斗的起点。接下来要做好乡村振兴这篇大文章,推动乡村产业、人才、文化、生态、组织等全面振兴。"

2021年2月,全国脱贫攻坚总结表彰大会的召开,标志着我国脱贫攻坚取得了全面胜利。现行标准下9 899万农村贫困人口全部脱贫,832个贫困县全部"摘帽",12.8万个贫困村全部出列,区域性整体贫困得到解决,完成了消除绝对贫困的艰巨任务,贫困人口全面实现"两不愁三保障"。根据国家农村贫困监测调查,2020年国家贫困县农村居民人均可支配收入为12 588元,党的十八大以来年均增长11.6%,高于全国农村居民2.3个百分点。在吃方面,建档立卡户平常都能吃得饱不挨饿,能够摄入身体所需的蛋白质;在穿方面,一年四季都有应季的换洗衣物和御寒被褥;在义务教育方面,适龄少年儿童除因身体原因不具备学习条件外,都有学上、上得起学,绝大多数在校就学,少量因特殊情况不能到校的送教上门;在基本医疗方面,建档立卡人口都被纳入基本医疗保险、大病保险和医疗救助等制度保障范围;在住房安全方面,原住房经鉴定或评定不安全的,均通过危房改造、易地扶贫搬迁等有效措施,保障建档立卡户都住上了安全住房。此外,在饮用水安全方面,建档立卡户生活饮用水达到了当地农村安全饮用水评价准则的要求,能及时、方便地获得足量、洁净的生活饮用水。

精准帮扶政策的有效落实,对贫困人口全面实现脱贫发挥了关键作用。产业、就业、健康、教育、危房改造、易地扶贫搬迁、社会保障、残疾人、生态扶贫等方面的帮扶政策,瞄定贫困人口精准发力,因村、因户、因人施策，因贫困原因施策，因贫困类型施策，符合条件的建档立卡户按实际情况均不同程度地享受过相关帮扶政策。

脱贫攻坚战取得伟大胜利后，习近平总书记强调，要加快建立防止返贫的监测和帮扶机制，对脱贫不稳定户、边缘易致贫户以及因新冠疫情或其他原因收入骤减或支出骤增的农户加强监测，提前采取针对性的帮扶措施，不能等他们返贫了再补救。因此，后脱贫时代仍需持续用力培育长效脱贫机制、健全完善防止返贫体系，及时化解返贫风险、巩固脱贫成果。对易返贫致贫人口要加强监测，做到早发现、早干预、早帮扶。我国发展不平衡不充分的问题仍然突出，脱贫的地区和人口依然面临着较大的返贫风险，相当一部分脱贫户虽然基本生活有了保障，但是收入水平仍然不高，脱贫基础还比较薄弱，抗风险能力差，巩固拓展脱贫攻坚成果的任务依然艰巨。一旦放松警惕，返贫现象不可避免。

脱贫攻坚完成后，中央密集出台了多项政策文件，推进脱贫攻坚与乡村振兴有效衔接，重点体现在以下四个方面。

一是强化党在脱贫攻坚与乡村振兴上的指导。以习近平新时代中国特色社会主义思想为指导，坚持中央统筹、省负总责、市县乡抓落实的工作机制，充分发挥各级党委总揽全局、协调各方的领导作用，省、市、县、乡、村五级书记抓巩固拓展脱贫攻坚成果和乡村振兴，健全乡村振兴领导体制与工作体系。

二是保持脱贫攻坚政策的延续性。过渡期内保持现有主要帮扶政策总体稳定，对脱贫县、脱贫村、脱贫人口"扶上马、送一程"，确保脱贫群众不返贫。在保持主要帮扶政策总体稳定的基础上，分类优化调整，合理把握调整节奏、力度和时限，增强脱贫稳定性。过渡期内严格落实"四个不摘"要求，摘帽不摘责任，防止松劲懈怠；摘帽不摘政策，防止"急刹车"；摘帽不摘帮扶，防止一撤了之；摘帽不摘监管，防止贫困反弹。

三是做好产业和人才文章，培育"造血"机制。脱贫攻坚与乡村振兴要防止政策养懒汉和泛福利化倾向，激励有劳动能力的低收入人口勤劳致富。坚持以人民为中心的发展思想，坚持共同富裕方向，加快推进脱贫地区乡村产业、人才、文化、生态、组织等全面振兴，为全面建设社会主义现代化国家开好局、起好步，奠定坚实基础。

四是坚持政府推动引导、社会市场协同发力。坚持和完善东西部协作和对口支援、社会力量参与帮扶机制，在保持现有结对关系基本稳定和加强现有经济联系的基础上，调整优化结对帮扶关系，将现行一对多、多对一的帮扶办法，调整为原则上一个东部地区省份帮扶一个西部地区省份的长期固定结对帮扶关系。坚持行政推动与市场机制有机结合，发挥集中力量办大事的优势，广泛动员社会力量参与，形成巩固拓展脱贫攻坚成果、全面推进乡村振兴的强大合力。

第二节 乡村振兴是实现共同富裕的必经之路

在党的十九届五中全会上，中共中央首次提出把"全体人民共同富裕取得更为明显的实质性进展"纳入"十四五"规划和2035年远景目标，提出到2035年，人民生活更加美好，人的全面发展、全体人民共同富裕取得更为明显的实质性进展。

2021年6月10日印发的《中共中央国务院关于支持浙江高质量发展建设共同富裕示范区的意见》提出，经济高质量发展、收入分配制度改革、公共服务、人文、生态、社会和睦团结向上6个大类目标、52个细化目标，并且制定了具体的定量与定性目标，旨在量力而行，循序渐进。

2021年7月1日，习近平总书记在庆祝中国共产党成立100周年大会上的重要讲话中强调，"着力解决发展不平衡不充分问题和人民群众急难愁盼问题，推动人的全面发展、全体人民共同富裕取得更为明显的实质性进展"。

2021年8月17日，中央财经委员会第十次会议提出了研究扎实促进共同富裕问题。在研究制定经济政策的中央财经委员会会议上提出共同富裕的长期政策框架，意味着在新发展阶段，党中央把"共同富裕"摆在更加重要的位置，围绕"共同富裕"的改革将是未来长期政策框架。

我国过去在"效率优先"的快速发展下积累了大量财富，但在新发展阶段要重视在增量发展中侧重财富分配的平衡，在"效率优先"

的前提下,加大"兼顾公平"的力度;同时,要认识到,推进共同富裕是一项具备长期性、艰巨性、复杂性的任务,要尽力而为、量力而行、循序渐进,政策的落实需因地制宜探索有效路径,总结经验,逐步推开。我国乡村振兴有关会议/政策见表1-1。

表1-1 我国乡村振兴有关会议/政策

序号	发布时间	会议/政策	内容
1	2020年10月26日	党的十九届五中全会	扎实推动共同富裕,不断增强人民群众获得感、幸福感、安全感,促进人的全面发展和社会全面进步;到2035年,人民生活更加美好,人的全面发展、全体人民共同富裕取得更为明显的实质性进展
2	2020年11月3日	《中共中央关于制定国民经济和社会发展第十四个五年规划和二〇三五年远景目标的建议》	到2035年我国人均国内生产总值将达到中等发达国家水平,中等收入群体显著扩大,基本公共服务实现均等化,城乡区域发展差距和居民生活水平差距显著缩小。同时,人民生活更加美好,人的全面发展、全体人民共同富裕取得更为明显的实质性进展
3	2021年1月11日	省部级主要领导干部研讨班	实现共同富裕不是经济问题,而是关系党的执政基础的重大政治问题;要统筹考虑需要和可能,按照经济社会发展规律循序渐进,自觉主动解决地区差距、城乡差距、收入差距等问题
4	2021年4月30日	中央政治局会议	制定促进共同富裕行动纲要,以城乡居民收入普遍增长支撑内需持续扩大;巩固拓展脱贫攻坚成果,在乡村振兴中持续改善脱贫人口生活
5	2021年6月10日	《中共中央国务院关于支持浙江高质量发展建设共同富裕示范区的意见》	支持浙江高质量发展建设共同富裕示范区,有利于通过实践进一步丰富共同富裕的思想内涵,有利于探索破解新时代社会主要矛盾的有效途径,有利于为全国推动共同富裕提供省域范例,有利于打造新时代全面展示中国特色社会主义制度优越性的重要窗口
6	2021年7月1日	庆祝中国共产党成立100周年大会	着力解决发展不平衡不充分问题和人民群众急难愁盼问题,推动人的全面发展、全体人民共同富裕取得更为明显的实质性进展

（续表）

序号	发布时间	会议/政策	内容
7	2021年8月17日	中央财经委员会第十次会议	共同富裕是社会主义的本质要求，是中国式现代化的重要特征，在高质量发展中促进共同富裕。允许一部分人先富起来，先富带后富、帮后富，重点鼓励辛勤劳动、合法经营、敢于创业的致富带头人。要尽力而为、量力而行，建立科学的公共政策体系，形成人人享有的合理分配格局，同时统筹需要和可能，把保障和改善民生建立在经济发展与财力可持续的基础上，重点加强基础性、普惠性、兜底性民生保障建设。要坚持循序渐进，对共同富裕的长期性、艰巨性、复杂性有充分估计，鼓励各地因地制宜探索有效路径，总结经验，逐步推开

实现共同富裕是社会主义的本质要求，是人民群众的共同期盼，而要实现共同富裕，乡村振兴是必经之路。乡村振兴不仅要巩固脱贫攻坚成果，而且要以更有力的举措汇聚更强大的力量，加快农业农村现代化步伐。在新发展阶段，我们要把促进农民增收、提升农业供给质量、提高城乡一体化水平作为重点来抓，从而有力推进农业农村现代化，推动全体人民共同富裕迈出坚实步伐。

一、把握农业农村发展的阶段性特征

改革开放40多年来，我国农业农村发展取得了长足进步，特别是党的十八大以来，以习近平同志为核心的党中央把解决好"三农"问题作为全党工作的重中之重，坚持农业农村优先发展总方针，农业农村发展取得了历史性成就，发生了历史性变革。其一，我国粮食年产量连续多年保持在1.3万亿斤（1斤＝500克）以上，粮食供给总体充裕。农民人均收入大幅提升，农民生活水平极大提高。其二，农业现代化水平快速提高，农业物质技术装备水平大幅提升，现代生产要素和技术手段已成为农业发展的主要驱动力。其三，随着工业化、城镇化的快速推进，农村的人口结构、产业结构、村庄布局等发生深刻变化，整体跃上新台阶。其四，农村人居环境明显改善，农村改革向纵深推进，农村社会保持和谐稳定。其五，新时代脱贫攻坚目标任务如期完成，现行标准下农村贫困人口全部脱贫，贫困县全部"摘帽"，消除了绝对贫困和区域性整体贫困，创造了人类减贫史上的奇迹。

全面建成小康社会、实现第一个百年奋斗目标之后，我们踏上了全面建设社会主义现代化国家新征程，这给农业农村发展和乡村振兴提出了一系列新的课题，包括要按照"产业兴旺、生态宜居、乡风文明、治理有效、生活富裕"的总要求，促进乡村全面发展；要严守18亿亩（1亩≈667米^2）耕地红线，实施高标准农田建设工程，夯实粮食生产能力基础，提高农业产业化经营水平，确保粮食安全；要推动新型城镇化高质量发展，进一步加大农村公共基础设施和公共服务投入，加快推进城乡基础设施和公共服务一体化；要进一步增加农民收入，大力缩小城乡收入差距，改善农民生活条件，推动农村全面发展；要建立健全巩固拓展脱贫攻坚成果长效机制，提升脱贫地区整体发展水平，等等。总的来看，这些新课题，既是新发展阶段解决好"三农"问题的重要内容，也与实现全体人民共同富裕目标息息相关，需要我们高度关注、切实推进。

二、促进农民增收是关键

要推动乡村振兴，实现共同富裕，促进农业稳定发展和农民增收是关键。我国要以新发展理念为引领，切实提高农民收入水平，促进全体人民共同富裕。

习近平总书记指出，人民是我们党执政的最深厚基础和最大底气。为人民谋幸福、为民族谋复兴，既是我们党领导现代化建设的出发点和落脚点，也是新发展理念的"根"和"魂"。全面实施乡村振兴战略，要让农民在实现共同富裕上取得更为明显的实质性进展，这是实现农业农村现代化的重要任务，也是衡量农业农村现代化水平的重要尺度。提升农民收入水平的途径有许多，目前要着重在以下四个方面发力：一是进一步推动农村土地"三权分置"改革，赋予农民更多的财产权利，调动农民生产积极性；二是大力发展和壮大村级集体经济，提高村集体和农民个人收入，促进农民持续增收；三是培育新型农业经营主体，加大力度培养新型职业农民，全面提升农村人力资源素质；四是健全防止返贫动态监测和帮扶机制，及时发现易返贫致贫人口，并及时帮扶，同时要高度重视解决农村低收入人口发展增收和民生困难问题，帮助农村低收入人口创造更有保障、更加宽裕的美好生活。

三、提升农业供给质量是主线

共同富裕重在富裕农民，促进农民增收，而实现农民增收的必由之路是完善农业发展基础，提升农业供给质量，加快农业现代化进程。

农业既是安天下、稳民心的基础产业，又是关乎百姓饭碗和亿万农民生计的民生产业。现阶段我国在农业发展方面还存在诸多弱项和短板，必须加大力度提升农业供给质量，不断夯实农业发展基础。在这一过程中，要扎实推进粮食生产功能区和重要农产品生产保护区建设，不断提高粮食产量，把中国人的饭碗牢牢端在自己手中；要稳定种粮农民补贴，切实保证农民种粮有合理收益，提高农民种粮积极性；要进一步优化农业结构，推动品种培优、品质提升、品牌打造和标准化生产，深入推进优质粮食工程，切实提高农产品供给质量；要加快构建现代养殖体系，全面提高农业产业化经营水平；要优化农产品贸易布局，实施农产品进口多元化战略，支持企业融入全球农产品供应链，向农产品价值链高端迈进；要开展粮食节约行动，依法依规厉行粮食节约，减少生产、流通、加工、存储、消费环节的粮食损耗浪费；要加强农业种质资源保护开发利用，有序推进生物育种产业化应用，切实加强育种领域知识产权保护；坚决守住18亿亩耕地红线，统筹布局生态、农业、城镇等功能空间，科学划定各类空间管控边界，严格实行土地用途管制，落实最严格的耕地保护制度；构建现代乡村产业体系，打造农业全产业链，加快健全现代农业全产业链标准体系；推进现代农业经营体系建设，发展壮大农业专业化、社会化服务组织，支持农业产业化龙头企业创新发展、做大做强。

四、推进城乡一体化建设是基础

推进城乡一体化，是国家现代化的重要标志，也是实现农民全面发展、农业农村全面进步的基础所在。在推进城乡一体化进程中，必须坚持共享发展理念，把改善农村基础设施和提高基本公共服务水平放在重要位置，提升乡村治理水平，进一步夯实乡村振兴基础，推动城乡一体化建设。一是加快推进村庄规划，保护传统村落、传统民居和历史文化名村名镇，使乡村风貌既具有独特的民族特色又富有鲜明的时代气息。二是提升公共基础设施建设和公共服务智能化水平，着力推进公共基础设施往村覆盖、往户延伸，加快实施数字乡村建设发展工程。三是适应城乡居民共享社会发展成果需要，以城乡基本公共服务均等化为重点，把社会事业发展重点放在农村，推进城乡基本公共服务标准统一、制度并轨，实现从形式上的普惠向实质上的公平转变。四是适应绿色发展需要，深入推进村庄清洁和绿化行动，加大农村面源污染防治力度，建立健全人居环境建设的制度规范，加快美丽乡村建设。此外，还要把县域作为城乡融合发展的重要切入点，破除城乡分割的体制弊端，强化县城综合服务能力，把乡镇建设成为服务农民的区域中心。总之，推进城乡一体化，关键要强化统筹谋划和顶层设计，健全城乡一体化体制机制，加快打通城乡要素平等交换、双向流动的制度性通道，既大力实施乡村建设行动，又推进以人为核心的新型城镇化，从而为推动乡村振兴、实现全体人民共同富裕夯实基础。

第二章 乡村振兴的总体思路与核心要素

第一节 乡村振兴的总体思路

实施乡村振兴战略,是党的十九大做出的重大决策部署,是新时代"三农"工作的总抓手,是关系全面建设社会主义现代化国家的全局性、历史性任务。当前,我们进入实现第二个百年奋斗目标新征程,"三农"工作重心已历史性地转向全面推进乡村振兴。全面推进乡村振兴,必须统筹推进农村经济建设、政治建设、文化建设、社会建设、生态文明建设和党的建设,促进农业全面升级、农村全面进步、农民全面发展。

推动乡村产业振兴。乡村振兴,关键是要产业振兴。产业兴旺是乡村振兴的重要基础,是解决农村一切问题的前提。发展产业既是增强脱贫地区发展基础、增强"造血"功能的主要依托,也是提高脱贫群众收入和发展信心的重要途径。推动乡村产业振兴要紧紧围绕发展现代农业,围绕农村一二三产业融合发展,构建乡村产业体系,实现产业兴旺,把产业发展落实到促进农民增收上来,推动乡村生活富裕;完善农业支持保护制度,发展多种形式适度规模经营,培育新型农业经营主体,健全农业社会化服务体系,实现小农户和现代农业发展有机衔接;发展特色产业、特色经济是加快推进农业农村现代化的重要举措,要因地制宜抓好谋划和落实,鼓励与扶持农民群众立足本地资源发展特色农业、乡村旅游、庭院经济。

推动乡村人才振兴。人才振兴是乡村振兴的基础,要坚持和加强党对乡村人才工作的全面领导。贯彻党管人才原则,将乡村人才振兴纳入党委人才工作总体部署,引导各类人才向农村基层一线流动,打造一支能够担当乡村振兴使命的人才队伍。坚持全面培养、分类施策,围绕全面推进乡村振兴需要,全方位培养各类人才,扩大总量、提高质量、优化结构。尊重乡村发展规律和人才成长规律，针对不同地区、不同类型人才，实施差别化政策措施。坚持多元主体、分工配合，推动政府、培训机构、企业等发挥各自优势，共同参与乡村人才培养，解决制约乡村人才振兴的问题，形成工作合力。坚持广招英才、高效用才，坚持培养与引进相结合、引才与引智相结合，拓宽乡村人才来源，聚天下英才而用之。坚持完善机制、强化保障，深化乡村人才培养、引进、管理、使用、流动、激励等制度改革，完善人才服务乡村激励机制，让农村的机会吸引人，让农村的环境留住人。

推动乡村文化振兴。推动乡村文化振兴是实施乡村振兴战略的重要内容，对强化乡村全面振兴的思想保障、进一步满足广大农民群众的精神文化需求、创新丰富乡村产业发展业态、保护传承优秀农耕文化具有重要意义。我国农耕文明源远流长、博大精深，是中华优秀传统文化的"根"，我国要在实行自治和法治的同时，注重发挥好德治的作用，推动礼仪之邦、优秀传统文化和法治社会建设相辅相成。要充分认识农村精神文明建设的重大意义，深刻理解物质变精神、精神变物质是辩证的观点，在实施乡村振兴战略过程中始终坚持物质文明和精神文明一起抓，提升农民精神风貌。加强农村思想道德建设和公共文化建设，以社会主义核心价值观为引领，深入挖掘优秀传统农耕文化蕴含的思想观念、人文精神、道德规范，培育挖掘乡土文化人才，弘扬主旋律和社会正气，培育文明乡风、良好家风、淳朴民风，改善农民精神风貌，提高乡村社会文明程度，焕发乡村文明新气象。

推动乡村生态振兴。良好生态环境是农村的最大优势和宝贵财富。"实施乡村振兴战略，一个重要任务就是推行绿色发展方式和生活方式，让生态美起来、环境靓起来，再现山清水秀、天蓝地绿、村美人和的美丽画卷。"推动乡村生态振兴，必须坚持绿色发展，加强农村突出环境问题综合治理，推进农村"厕所革命"和污水、垃圾处理，完善农村生活设施，打造农民安居乐业的美丽家园，让良好生态成为乡村振兴支撑点。持续开展农村人居环境整治行动，打造美丽乡村，为老百姓留住鸟语花香的田园风光。建设社会主义新农村，坚持规划先行，遵循乡村自身发展规律，注意乡土味道，保留乡村风貌，留住田园乡愁。推动污染治理向乡镇、农村延伸，强化农业面源污染治理，明显改善农村人居环境。

推动乡村组织振兴。农村工作千头万绪，抓好农村基层组织建设是关键。农村基层党组织是农村各个组织和各项工作的领导核心，办好农村事情，实现乡村振兴，基层党组织必须坚强，党员队伍必须过硬。无论农村社会结构如何变化，各类经济社会组织如何发育成长，农村基层党组织的领导地位都不能动摇、战斗堡垒作用都不能削弱。要推动乡村组织振兴，打造千千万万个坚强的农村基层党组织，培养千千万万名优秀的农村基层党组织书记，深化村民自治实践，发展农民合作经济组织，建立健全党委领导、政府负责、社会协同、公众参与、法治保障的现代乡村社会治理体制，确保乡村社会充满活力、安定有序。要强化农村基层党组织职能，把农村基层党组织建设成宣传党的主张、贯彻党的决定、领导基层治理、团结动员群众、推动改革发展的坚强战斗堡垒。

第二节　乡村振兴的核心要素

实施乡村振兴战略的立足点是解决社会主要矛盾，其核心在于协调政策、改革、产业、资本、人才、技术、环境和合作 8 个关键要素。

政策是保障，"输血"变"造血"。脱贫攻坚任务完成后，乡村振兴仍需要政策支持，以推动乡村振兴与脱贫攻坚的有效衔接，保障政策的连贯性。认真落实各级政府农村工作会议安排部署，筑牢底线思维，将巩固拓展脱贫攻坚成果放在突出位置，健全防止返贫动态监测和帮扶机制，做到早发现、早干预、早帮扶，持续压实责任，精准施策，补齐短板、消除风险，坚决守住防止规模性返贫的底线，为实现巩固拓展脱贫攻坚成果同乡村振兴有效衔接奠定坚实基础。按照"应纳尽纳、应扶尽扶、应消尽消"原则，在常态化识别管理基础上，一定时间内集中开展一次监测对象动态管理工作，包括监测对象识别、标注风险消除、人口自然增减、信息采集更新等。

改革是动力，基层更善治。充分发挥基层党组织的战斗堡垒作用，带领村民积极参与美丽家园建设。通过"党支部+""村集体+"

"合作社+""社团组织+"等形式，解决乡村社会"散"的问题，形成地方党委政府引导、市场主导、村民参与、社会协同、法治保障的现代乡村社会治理体制。加强乡镇干部配备，提升干部政治素质，做好群众基础工作，妥善解决矛盾纠纷和问题，做好国家政策和法律法规的普及工作。联合上级政法、基建、公安等部门，深入推进扫黑除恶专项斗争，依法严厉打击对农村生产建设造成严重影响的活动，依法严厉打击危害乡村社会稳定的活动，依法严厉打击侵害农民利益的违法活动，扫除黑恶势力，健全自治、法治、德治相结合的乡村治理体系，让农村家家紧密联系起来。

产业是基础，产品变商品。依托绿水青山、乡土文化资源，实施休闲农业和乡村旅游精品工程，建设一批设施完备、功能多样的休闲观光度假园区。发展"旅游+农业""旅游+电商""旅游+扶贫"等新业态，打造高品质、个性化、定制化、多元化旅游产品，提升乡村旅游的核心竞争力。充分挖掘和拓展农业多功能性，发展农产品精深加工和农村新兴服务业，延伸产业链、衍生新业态、增加附加值，促进一二三产业融合发展。引进龙头企业，成立合作社，培育和优化观光体验、康体养生等旅游项目，包装推出一批特色农产品进行特色分级和文化挖掘，开发成地域和文化特色鲜明的伴手礼，转化成旅游商品。实施"乡村旅游后备箱工程"，满足旅客对乡村优质农产品的需求。建立电商服务平台，完善物流配送体系，实现网上畅销随时随处可购。

资本是杠杆，村民变股民。充分发挥财政政策、产业政策的引导带动功能，不断增强社会资本投资农业农村的信心，充分调动社会资本投资农业农村的积极性。强化组织功能，鼓励村民积极参与村民自治组织建设，设计合理的权力结构和监督功能，切实代表村民利益。探索建立"党支部+旅游公司+农民合作社+互联网+农户"的利益联结机制，提高农民收入。将农村分散、闲置的资产、资金进行整合，坚持能力互补、信息共享、风险均摊，以规模化效应解决个体农户不易办到、政府部门不能包办的事情，让村民通过资金、土地、林地、劳动力等资源入股，实现"资源变资产、资产变股金、农民变股东"。

人才是关键，离乡变返乡。把有情怀、有能力建设家乡的人才引

第二章 乡村振兴的总体思路与核心要素

入乡村，为返乡就业人员提供发展渠道，留住乡村人才。引导一批跳出农门的优秀学子从离巢拼搏到归巢返乡，成为新型职业农民。推动乡村人才招聘、教育、培养和发展管理体系建设，利用乡村旅游的农村"双创"大舞台，发挥企业家精神，再创一片新天地。发展乡村旅游，吸引大批企业家、知识分子、大学生和有志青年到乡村创业创新，推动农村产业发展。引导农村本土人才成长，培育一大批懂农业、懂旅游、爱农村、爱农民的乡村旅游带头人。推行职业农民资格认证管理，培养一批爱农业、懂技术、善经营、会创新的职业农民队伍，规范群众行为，提高群众素质。

技术是支撑，城乡更融合。鼓励区块链、大数据、物联网、遥感、人工智能等技术的应用与创新，推进数字农业产业集聚发展，打造一批覆盖全服务链条的智慧乡村。邀请知名专家提供高端智力支持，充分整合现有的技术、人才和平台等资源，面向乡村振兴重点领域的技术瓶颈和技术需求，开展乡村振兴规划编制、特色农作物栽培、农产品安全检测、农产品电商平台建设、农村安全饮用水等工作，策划实施特色农产品精深加工、农村人居环境提升、农村中小学校场景化智慧阅读等一批项目，以科技赋能和智力帮扶乡村振兴。推进婚礼拍摄园、生态果蔬采摘园、插花艺术体验园、植物科普园和观赏园建设，吸引更多城市居民体验乡村之美，助推群众增收致富。

环境是优势，资源变资产。农业农村基础设施和公共服务是乡村环境的核心要素，既需要加强硬件设施建设，也需要加强软件条件改善，优化乡村生产生活环境。良好生态环境是最公平的公共产品，是最普惠的民生福祉，是乡村发展的宝贵财富和最大优势。乡村振兴需要厚植生态底色，突出发展特色，彰显乡村本色。一方面，守住乡村的生态资源，秉承"绿水青山就是金山银山"，打造"望得见山、看得见水、记得住乡愁，生态宜居的美丽乡村"。另一方面，需要不断改善村庄的物质环境，提高公共服务和基础设施供给水平，建成高质量的品质社区，提升乡村对人的吸引力。通过科学规划、加强管理和有效治理，保护乡村的自然资源与生态环境，提高乡村旅游开发者和参与者的环保意识。挖掘濒临消失的民俗文化、传统建筑、农耕器具、民间技艺、手工制作、风俗礼仪、风土人情，以活态化方式进行传承和创新，转化为具有地方特色的文化旅游产品。通过主题开发、节庆活动、文化展示、网络营销、互动体验等形式，既产生经济效益，又传承传统文化。挖掘乡间尘封遗存，唤醒乡村沉睡资源，激活农村沉寂风景，将闲置房屋改建成特色民宿，通过建设一批精品民宿度假村，打造一批乡村旅游度假基地，为住客提供丰富的田园生活体验。

　　合作是外因，动力更持续。乡村振兴需要借助外力，发挥城市与乡村各自的比较优势，推动合作共赢。考虑乡村发展基础薄弱，如与城市发展差距较大，建设理论和实操经验不足的情况，在现阶段，需要对刚刚脱贫地区"扶上马、送一程"。国家出台对区域中心城市帮扶的激励政策至关重要，可以消除中心城市的顾虑，让中心城市在帮扶过程中能共享发展红利，实现双方共赢，为中心城市继续对口帮扶提供政策保障。围绕乡村产业发展，充分利用城市互联网、物联网、区块链等技术手段，打造乡村大数据产业运营平台、产品交易平台、资源整合平台、乡村文创平台等多种创新平台，发挥与城市合作动力，凝聚乡村振兴合力，促进区域经济发展。有序促进传统制造业区域协调发展，引导城市服装、玩具、印刷、珠宝等生产要素成本压力大、外溢发展需求强烈的传统制造业企业，通过跨区域产业链、供应链、价值链优化布局，将制造环节在合作地区布局，支持研发、设计、营销、服务等环节保留在城市，统筹供应链管理系统，建立更紧密的经济合作关系，推进协同发展。

第三章 特色产业扶贫模式的背景及意义

不忘初心、牢记使命。只有坚持用大历史观来看待农业、农村、农民问题，才能深刻理解"三农"问题。中国共产党自成立以来，充分认识到中国革命的基本问题是农民问题，把为广大农民谋幸福作为重要使命。在习近平新时代中国特色社会主义思想的指引下，党中央把脱贫攻坚摆在治国理政的突出位置，发扬"上下同心、尽锐出战、精准务实、开拓创新、攻坚克难、不负人民"的脱贫攻坚精神，打赢了脱贫攻坚战，建党100年实现全面建成小康社会。到中华人民共和国成立100年时，全面建成社会主义现代化强国，实现中华民族的伟大复兴。

第一节 推进特色产业扶贫模式的研究背景

一、从改革开放史看

自改革开放以来，截至2021年，中共中央、国务院发布了23个关于"三农"工作的"中央一号文件"。在乘势而上接续奋斗的新时代，要走出一条乡村振兴的发展新路，必须从中国农村改革开放史中，汲取继续前进的智慧和力量。

第一阶段：1982—1986年。波澜壮阔的中国改革事业，发端于农村。改革初期，以安徽凤阳县小岗村的"分田密约"为标志，包产到户、包干到户，以其强劲的生命力在中国农村出现，并席卷中华大地。但是，当时还处于人民公社和计划经济的体制下，这种农业生产责任制到底是姓资还是姓社？农业生产责任制是否为国家权宜之计？这在当时引起了很多人的质疑。为此，20世纪80年代，围绕农村农业生产责任制中共中央出台了五个中央一号文件，简称"五个一号文件"。其显著特点：一是突出农村改革在于构建新的经济体制。推行家庭联产承包责任制，废除人民公社，突破计划经济模式，构建了适应发展社会主义市场经济要求的农村新经济体制框架。以农民为主体的家庭联产承包责任制这一诱导制度的变迁，大大提高了农民的劳动积极性，促进了农业产量和农村剩余劳动产品的增长。更为关键的是，家庭联产承包责任制这种制度创新，使农民获得了对剩余劳动产品和劳动时间的支配权，而国家富民政策减少了工业对农业的提取量，使相当一部分农业剩余产品留在农民手中，增加了农民对非农产业投资的选择，使亿万农民逐步从绵延数千年"面朝黄土背朝天"的生产模式中解放了出来，通过非农经营等方式，百业兴起，在解放生产力的同时，实现了劳动力自身的进一步解放，开始参与到中国工业化、城镇化的伟大历史进程，为中国城市经济体制改革，提供了坚实的物质基础和取之不竭的精神动力。二是以政府为主导的农产品价格调整这一强制性制度变迁，较大幅度地提高了农副产品收购价格，为农业生产带来了60%以上的增长，促进了农业大发展。同时，农村改革始终坚持市场取向，市场机制也引入农业和农村经济，"双轨制"运行的格局呼唤国家全面推行市场取向改革。这些都为1992年以后的市场经济改革目标的确立奠定了基础。三是突出解放和发展农村生产力，繁荣农村商品经济。农村改革的根本目的是解放和发展生产力，发展农村商品经济，促进农业现代化，使农村繁荣富裕起来。农村改革，从供给和需求两个方面有力地推动了整个国民经济的增长，农业生产力获得解放，农业产量和农民收入出现超常规增长，农村改革在改革初期作出示范，为中国经济体制改革提供借鉴。这"五个一号文件"，记录了中国共产党尊重人民群众的首创精神，从群众中来、到群众中去，指导中国农村改革的一系列重大决策，对实现农村改革率先突破、调动广大农民积极性、解放农村生产力起到了巨大的推动作用，"交够国家的，留足集体的，剩下全是自己的"，深深地印在亿万中国农民的心坎上。

第二阶段：2004—2012年。时隔18年，中央一号文件回归"三农"，中共中央出台了九个中央一号文件，简称"新世纪九个一号文件"。其鲜明主题是缩小城乡差距，促进城乡经济社会一体化发展。通过一系列"多予、少取、放活"的政策措施，使农民休养生息，重

第三章　特色产业扶贫模式的背景及意义

点强调农民增收，给农民平等权利，给农村优先地位，给农业更多反哺，中国农业和农村进入前所未有的发展新阶段，最直接的表现是农民人均收入进入较快增长期。其特点：一是在战略决策上，体现了"统筹城乡经济社会发展"。"新世纪九个一号文件"的共性是建立以工补农、以城带乡的长效机制，逐步解决"三农"问题，改变城乡二元经济结构。二是在指导方针上，体现了"多予、少取、放活"，重点在"多予"上下功夫。调整国民收入分配结构，扩大公共财政覆盖农村的范围，加大对农村公共服务的投入。全面取消农业税，对农业生产实行直接补贴；加强农村基础设施建设，社会事业发展重点转向农村；在农村普遍建立最低生活保障制度，保障农民工权益等。国家对农民实现了由"取"向"予"的重大转变。城市与农村经济之间的关系由"汲取型"向"反哺型"转变。三是在着力点上，体现了改善农村民生。扎实推进社会主义新农村建设、农村基础设施建设和社会事业不断进步，加快水利改革，推进农业科技创新，逐步提高农村基本公共服务水平，包括提高农村义务教育水平、增强农村基本医疗服务能力、稳定农村生育水平、繁荣农村公共文化、建立健全农村社会保障体系。2008年开始在全国范围内全面实行农村最低生活保障制度，成为这一时期"三农"工作的亮点。"新世纪九个一号文件"记录了中国共产党以人为本的改革发展历程，体现了马克思主义历史唯物论的基本原理，体现了我们党的根本宗旨和推动经济社会发展的根本目的。把人民拥护不拥护、赞成不赞成、高兴不高兴、答应不答应，作为衡量、判断党的一切工作得失的根本标准，对实现农村改革持续突破，调动广大农民积极性，进一步解放和发展农村生产力起到了巨大的推动作用，2006年取消农业税成为中国农民永恒的记忆。

第三阶段：2013—2021年。党的十八大以来出台了九个中央一号文件，简称"新时代九个一号文件"。前八个一号文件具有鲜明的特点：一是在破解"三农"新难题上，贯彻创新、协调、绿色、开放、共享的发展理念。明确了新时代推进农村改革发展的目标，坚持农业农村优先发展总方针，全面实施乡村振兴战略，推动共同富裕。2019年农村居民人均可支配收入突破16 000元，提前一年实现比2010年翻一番的目标。2020年农村居民人均可支配收入达到17 131元，城乡居民收入差距缩小到2.56∶1。二是在着力点上,下大力补齐农村这块"短板"。围绕全面建成小康社会,解决"两不愁三保障",确定了到2020年现行标准下的农村贫困人口脱贫、贫困县全部摘帽、解决区域性整体贫困的目标,打一场脱贫攻坚战。贫困地区发生了翻天覆地的变化,近1亿贫困人口脱贫,解决了困扰中华民族几千年的绝对贫困问题,书写了人类发展史上的伟大传奇,为世界减贫贡献了中国智慧和中国方案,集中彰显了中国共产党领导和中国特色社会主义制度的优越性。脱贫攻坚伟大斗争,锻造形成了"上下同心、尽锐出战、精准务实、开拓创新、攻坚克难、不负人民"的脱贫攻坚精神,为全面建成小康社会作出了重大贡献,为开启全面建设社会主义现代化国家新征程奠定了坚实的物质基础,提供了精神动力。三是在体制机制上,做好农业供给侧结构性改革。核心是围绕市场需求进行生产,建立可持续的农产品有效供给体系。推进农村集体产权制度改革,激发亿万农民创新创业活力,释放农业农村发展新动能。四是在生态上,坚持"绿水青山就是金山银山"的理念。推动农业绿色发展和高质量发展,深度挖掘农业的多种功能,培育壮大农村的新产业新业态,把推动产业融合发展作为农民增收的重要支撑。稳步提高粮食生产能力,确保粮食安全,始终把中国人的饭碗牢牢端在自己手上。五是在乡村治理上,加强党的基层组织、农业基础设施和农村基本公共服务建设,建立现代治理体系,提升治理能力,推进城乡融合发展。新时代前八个一号文件记录了中国共产党以人民为中心的改革发展历程,不论是"人民对美好生活的向往,就是我们的奋斗目标"的执政理念,还是"全面建成小康社会,一个不能少;共同富裕路上,一个不能掉队"的庄严承诺,都倾注着中国共产党人的初心和坚守。"以人民为中心"让农民群众进一步提高了获得感、幸福感、安全感。中国共产党人独特的治理智慧和政治哲学将指引人类走向更好的未来。

2021年中央一号文件承上启下,既立足当前,突出年度性、实效性,部署当年必须完成的任务;又兼顾长远,着眼"十四五"开局,突出战略性、方向性,明确"十四五"时期的工作思路和重点任务。

2021年6月1日,《中华人民共和国乡村振兴促进法》正式实施,为推进乡村振兴各项工作,提供了法律保障。综上所述,改革开放以来的23个中央一号文件的核心和落脚点始终是农民增收、农村改革和农业农村现代化。

农民增收。主要是通过提高产业效益促增收，扩大就业促增收，深化改革促增收。

农村改革。始终以处理好农民和土地的关系为主线，推进体制机制创新，让农村的资源要素活化起来，让广大农民的积极性创造性迸发出来，推动小农户与现代农业有机衔接，从制度上提供支撑。首先，深化农村集体产权制度改革。围绕"三块地"，巩固和完善农村基本经营制度，明确承包地的所有权、承包权、经营权；稳慎推进农村宅基地制度改革，明确宅基地的所有权、资格权、使用权；农村集体经营性建设用地，在符合规划和用途管制的前提下，与国有土地同等入市、同权同价。其次，通过农业供给侧结构性改革和需求侧改革，加快推动城乡融合发展。截至2020年11月，河北省有49 034个村在农业农村部门完成了登记赋码，占比99.9%。根据2021年1月数据，全国城乡建设用地共计22万平方千米，其中城市只有5万平方千米，宅基地面积达17万平方千米。宅基地是农村重要的经济增长点，17万平方千米土地等待盘活。

农业农村现代化。一是构建一二三产业融合的现代产业体系；二是推动农业绿色发展和高质量发展，打造现代生产体系；三是通过土地流转，推进现代化农业经营体系。同时，加大投入补贴，完善农业支持保护制度。围绕种子和耕地，强化现代农业科技和物质装备支撑，充分发挥乡村在保障农产品供给和粮食安全、保护生态环境、传承发展中华民族优秀传统文化等方面的特有功能。

二、从发展机遇上看

国民经济总量上升为全球第二位。改革开放40多年来，我国国民经济大踏步前进，经济总量连上新台阶，成功从低收入国家迈入中等偏上收入国家行列，综合国力和国际影响力显著提升。在改革开放的历史背景下，我们要立足国情，稳中求进，全力、继续推进改革任务，科学实施宏观调控、激发市场潜能，培育创新动能，实现经济社会持续稳定发展。

经济总量跃上新台阶。1978年，我国国内生产总值只有3 678.7亿元，2020年在新冠疫情的影响下，我国国内生产总值仍然呈现增长趋势，达到1 013 567亿元，经济总量稳居世界第二，1979—2020年国内生产总值年均增长9.2%。2020年我国国内生产总值突破百万亿元大关，这意味着我国经济实力、科技实力、综合国力又跃上一个新的台阶。

人均经济指标迅速增长。从人均经济指标来看，我国人均GDP从1978年的385元增长到了2020年的71 828元，人均国民总收入也实现同步快速增长，1978年我国的人均国民总收入为190美元，2020年，人均国内生产总值已连续两年超过1万美元，稳居中等偏上收入国家行列，与高收入国家的差距继续缩小。

第一二三产业间的比重有所调整。1978年我国一二三产业产值比重为27.7∶47.7∶24.6，2020年变为7.7∶37.8∶54.5。第一产业比重快速下降，第二产业比重有所降低但保持稳定，第三产业的比重上升较快。改革开放带动工业化进程加快，经济社会发展迅速，促进了二三产业的发展，二三产业的发展进一步夯实了我国经济发展的基础，为推进我国农业现代化奠定了基石。改革开放至今，我国经济总量及人均指标均大幅增长，经济结构逐步优化，经济发展的全面性、协调性和可持续性不断增强。同时，三产结构的不断优化，为我国农村三产融合提供了技术、资金、人力资源等要素支持，为全面推进乡村振兴奠定了坚实的基础。

党和国家高度重视产业融合。党中央、国务院一直高度重视农业与其他产业的融合发展并出台了一系列政策，为确保粮食安全和产业融合发展指明方向。2014年中央农村工作会议提出了一二三产业融合发展的目标，为我国农业产业化发展指明了新的方向。2015年中央一号文件，首次提出通过推进农村三产融合发展来提高农民收入、发展现代化农业。文件提出要因地制宜、发展特色农业产业；要创新驱动，拓展农业产业多功能；要双管齐下，兴乡村产业提农民收入。文件明确提出：第一，要让农民共享产业融合发展带来的价值增值；第二，要立足资源优势，发展具有特色的、有效益的、有市场需求的产业；第三，要创新，发展服务业带动就业，发展精深加工带动产业提

第三章　特色产业扶贫模式的背景及意义

质增效，挖掘农业多功能性，实现"农业+"的创新驱动。2016年中央一号文件再次强调，促进农业供应链拓展、产业链整合和价值链提升，才能有效实现产业兴旺、农民增收。强调要增加农民在产业价值链中的话语权。2017年中央一号文件开启了农村三产融合的新布局：鼓励培育新业态、壮大新产业、发展新模式。在产业融合的基础上，进一步拓展供应链、延长产业链、提升价值链，逐步壮大新业态。同年党的十九大指出，推动农村三产融合是实现乡村产业兴旺最为重要的途径之一。2018年中央一号文件要求各地逐渐形成农村三产融合的发展体系，并确立了明确的目标。同年，《乡村振兴战略规划（2018—2022年）》中首次提出产业交叉融合的理念，并在此基础上进一步强调了要壮大产业融合。2019年中央一号文件强调乡村振兴中农民的主体地位，要让农民分享产业融合的利益。再次强调产业融合的增值收益，要让农户共享产业融合发展的成果。2020年中央一号文件再次突出农村三产融合是发展富民乡村产业的重点。将产业融合作为发展富民乡村产业的重要抓手。2021年中央一号文件进一步细化了对农村三产融合的要求，提出在构建现代乡村产业体系过程中，要"推进农村一二三产业融合发展示范园和科技示范园区建设"，依托乡村特色优势资源，打造农业全产业链，让农民更多分享产业增值收益。推进农村三产融合发展，是实现农业现代化的有效途径。一系列的中央文件规划表明，党和国家高度重视加快推进农村三产融合发展，农村三产融合将随着乡村振兴战略的深入推进而持续发展，未来国家将持续从制度与政策上保障农业产业的深度融合发展，这也是实现共同富裕的必然选择。农村三产融合发展的提出是中央结合当前宏观经济发展大势及农业自身发展态势提出的重要战略决策，深思熟虑且恰逢其时。推进农村三产融合，是党中央在经济发展进入新常态的现实背景下，对农业农村工作作出的重要部署。

"三农"工作重心历史性转移。不谋万世者，不足谋一时；不谋全局者，不足谋一域。从集中资源脱贫攻坚转向全面推进乡村振兴战略的背景下，一要准确把握新发展阶段。新发展阶段是社会主义初级阶段中的一个阶段，是经过几十年积累、站到了新起点的一个阶段，是我们党带领人民从站起来、富起来到强起来的历史性跨越的新阶段。立足新发展阶段，历史和现实都告诉我们：农为邦本，本固邦宁。任何时候都不能忽视农业、忘记农民、淡漠农村，始终把解决好"三农"问题作为全党工作重中之重。从中华民族伟大复兴战略全局看，民族要复兴，乡村必振兴；从世界百年未有之大变局看，稳住农业基本盘、守好"三农"基础是应变局、开新局的"压舱石"；全面建设社会主义现代化国家，实现中华民族伟大复兴，最艰巨最繁重的任务依然在农村，最广泛最深厚的基础依然在农村。从集中资源脱贫攻坚转向乡村全面振兴，实现"三农"工作重心的历史性转移，要坚持以系统观念来谋划，把握好全局与一域的关系，自觉把一地一域的工作放在国家发展大战略中谋划推进，既为一域争光，又为全局添彩。要把握好战略与战术的关系，坚持战略部署与战术安排有机衔接，推动各方资源力量向服务国家重大战略落地聚焦，以科学机制来保障落实。二要深入贯彻新发展理念。创新是事物发展的本质，必须坚持创新驱动；协调、绿色、开放是方法论，必须推动高质量的发展；共享是价值观，必须走共同富裕的道路。以新发展理念为引领，推动高质量发展，要把握好质量与规模的关系，不是一味追求规模增长，而是注重提升经济"含金量"，把实力做强。要把握好政府与市场的关系，坚持有所为有所不为，充分发挥市场在资源配置中的决定性作用，更好地发挥政府作用，推进有效市场和有为政府更好地结合。加强党对"三农"工作的全面领导，落实农业农村优先发展的总方针，各级党委必须扛起政治责任，以担当作为推动落实。三要加快构建新发展格局。要明确重点所在、希望所在、潜力所在，把战略基点放在扩大内需上，农村有巨大空间，可以大有作为。构建新发展格局，要把握好供给与需求的关系，抓住农业供给侧结构性改革这条主线，同时注重需求侧管理，形成需求牵引供给、供给创造更好需求的更高水平动态平衡。要把握好国内大循环与国内国际双循环的关系，坚持扩大内需战略基点，以畅通国内大循环为双循环提供坚实基础，以双循环提升国内大循环的效率和水平。要把握好发展与安全的关系，坚持总体国家安全观，把困难估计得更充分一些，把风险思考得更深一些，既要切实守住不发生规模性返贫的底线，又要始终贯彻巩固、拓展和衔接的主线，有效防范化解各类风险。以"产业兴旺、生

第三章 特色产业扶贫模式的背景及意义

态宜居、乡风文明、治理有效、生活富裕"为目标,坚持稳中求进,要始终坚持农业高质高效,立足特色、绿色、景色抓产业,推进产业生态化、生态产业化;要始终把握乡村宜居宜业,实施乡村建设行动,推进乡村城镇化、城镇乡村化,实现城乡融合发展;要始终把握农民富裕富足,立足农场、工厂、市场抓就业。以更有力的举措、汇聚更强大的力量,来推进乡村产业、人才、文化、生态、组织五大振兴,逐步实现共同富裕。

特色扶贫产业发展态势向好。特色产业扶贫模式及新业态丰富了产业融合发展路径。长期以来,我国农业发展处于种植、加工、销售等环节互相割裂的状态,导致农业延伸出来的增值空间大的二、三产业不能留在农村。随着乡村振兴战略的全面实施,加快构建现代农业产业体系、生产体系、经营体系,实施农村一二三产业融合发展,将新技术、新业态和新模式引入到农业产业中来,转变农业发展方式,推进农业农村现代化,一场农业领域的大变革正在上演,大大丰富了我国特色扶贫产业的发展模式,为农业产业未来的发展提供了新的平台以及路径。随着近年来乡村振兴战略的实施,许多地区以农业为依托,开始将农业产业与文化、旅游、加工、物流等产业结合在一起,这些产业之间相互促进,为农业农村发展开辟了农业旅游、农耕文化、农村电子商务以及农产品特色加工等新的发展途径,推进了农村百业兴旺、农业多样化发展。此外,特色扶贫产业与光伏扶贫的结合形成了农光互补的绿色新型业态;信息技术在特色扶贫产业中的应用,催生了智能化、信息化以及数字化的农业新业态;扶贫产业与旅游业的结合,吸引了大量游客到农村观光,在增加农民经济收入的同时加快了农业产业的发展步伐。

新型经营主体成为农村三产融合发展的主力军。推进农村三产融合发展,市场必须在资源配置中发挥决定性作用。产业融合不是简单的产业叠加,也不是创造一个全新的产业,而是结合区域特征、区域产业发展、市场需求,科学、合理、有效地将第二产业和第三产业融入第一产业发展中,实现产业链延长、供应链拓展和价值链提升。同时,农村一二三产业融合发展融入了新科技、新思想等内容,以普通农户为代表的传统经营主体无法完全担负起农村三产融合的重任,必须依靠新型农业经营主体的力量。改革开放之后，我国农业产业发展迅猛，农村劳动力得到了极大的解放，随着全球经济一体化格局的推进，国外先进的生产技术和生产设备，为我国农业农村发展带来了新机遇。近年来，新型农业经营主体在各级政府的大力扶持推动下蓬勃发展，呈现出数量快速增长、规模日益扩大、领域不断拓宽、实力不断增强的良好态势。在脱贫攻坚中，以农业龙头企业、农民专业合作社和家庭农场为代表的新型农业经营主体，集聚了现代农业建设的人才、物质、技术和资金，他们合理使用农村资源、充分利用现代化科技、依靠现代化经营管理，持续推进农业产业化经营，将农业由"一枝独秀"发展为多行业、多产品的"百花争艳"，他们在实现小农户与现代农业发展有机衔接、推进农业供给侧结构性改革、构建新型农业经营主体、培育现代农业建设人才、推动现代农业发展上发挥了重要作用，新型农业经营主体逐渐成为发展农村经济的重要主体，农业产业化对农户的辐射带动作用也不断增强，没有农业的产业化就没有农业农村的现代化。

农业龙头企业的快速壮大促进了农村三产融合发展。在产业融合发展过程中，农业龙头企业作为重要的一部分，对促进整个产业的发展起到了一定的推动作用。目前，许多农业龙头企业的快速崛起与发展为我国产业融合的整体发展提供了良好的机会。在促进农业龙头企业发展的过程中，政府部门采取了新的经营管理理念，各个地区在财政以及用地等方面开始适当加大对农业龙头企业的扶持，为农业龙头企业的发展提供了更好的平台，使得这些农业龙头企业快速发展壮大。例如，在现阶段，我国许多农业龙头企业根据农业产业的实际发展情况，将农业产业发展的品牌、标准以及资本等作为"集结号"，将农业和其他产业聚集在一起，延伸产业链、拓展供应链、提升价值链，且在这一过程中，农业龙头企业通过股份合作制，带领农民合作社以及许多农户共同发展，在促进自身企业发展的同时，促进了农民合作社以及农户的提质增效。部分农业龙头企业聚焦需求侧供给，通过订单农业、电商、消费帮扶等，解决农产品销售问题。在农产品加工中，会产生一些副产品或资源废弃物，造成资源的浪费与环境的污染，影响农村人居环境，一些农业龙头企业可以通过发展精深加工，

第三章 特色产业扶贫模式的背景及意义

实现动物（包括人）、植物、微生物"三物"循环，并且进行减量化、资源化利用，极大地提高资源利用效率，改善环境污染问题，促进产业融合的可持续发展。

传统消费结构的升级为特色扶贫产业的发展和农村三产融合提供了市场空间。随着消费水平的提升，人们对消费质量的要求越来越高。一方面，民以食为天，食以安为先。人们越来越追求吃得健康和吃出健康，农产品加工业有助于推动农产品市场的细化和分层，提高产品附加价值，实现质量兴农、品牌强农。同时，随着收入水平不断提升，居民的农产品需求越来越个性化，对农业的粮食安全功能、经济功能、文化功能、社会功能和环境功能需要日益凸显。另一方面，传统消费结构升级进一步倒逼农产品加工业追求农产品差异性和个性化，在市场竞争中，消费者越来越重视农产品的产地标识、产品品质和产业文化，这就要求农产品加工业与时俱进，既要不断创新加工业的"硬件设施"，也要注意提升农产品"软件设施"，打造无公害农产品、绿色产品、有机农产品和地理标志农产品。同时，农产品加工业改革创新为农村三产融合扩展了市场空间，增加了新动能。消费者是市场经济的主体，实现农村三产融合发展，要瞄准消费者需求，深入研究消费者的行为差异，以需求为导向推动农村三产融合发展。

在此背景下，大力推进特色产业扶贫转向产业兴旺，实现农村一二三产业融合发展是重要抓手，对于构建和丰富现代农业产业体系，转变农业发展方式，拓展农民增收渠道，推动农业农村现代化建设，具有十分重要的意义。

三、从面临的挑战看

我国正处于"经济转轨、社会转型"的关键时期。大国家小农户、大农业小生产、大产业小组织是我国农业的现状，而河北省农村的发展问题千头万绪、错综复杂。乡村振兴的主体，必须是组织起来的亿万中国农民。从百年历史看，中国农民存在的贫、愚、弱、私、懒的问题得到了有效的解决，"贫"是生产力问题，脱贫攻坚战解决了困扰中国农民千百年来的绝对贫困，但相对贫困将会长期存在。"愚"是知识储备的问题，中华人民共和国成立后扫盲运动的开展、九年义务教育的普及，中国农民文化程度普遍提高。"弱"是健康水平的问题，农村医疗制度的普及和健康中国战略的实施，人均寿命2021年达到78.2岁，但因病致贫仍是返贫的重要因素。"私"是凝聚力的问题，必须把广大农民团结起来。"懒"是内生动力不足的问题，必须消除精神上的贫困。

首先，我国主要矛盾转变为人民日益增长的美好生活需要和不平衡不充分的发展之间的矛盾，其中不平衡发展主要体现在城乡间发展得不平衡；不充分发展则主要体现在农村发展得不充分，特别是老少边及脱贫地区发展得不充分。随着我国基本矛盾的转化，我国经济发展进入新常态，正从高速增长转向中高速增长，如何在经济增速放缓背景下继续强化农业基础地位、促进农民持续增收，是必须破解的一个重大课题。

其次，当前我国农业发展面临一系列的突出问题：农业生产资源短缺，人均资源不足，农业生态环境压力日益增大，生态环境的污染影响着农业发展进程；城乡二元结构依然存在，城乡发展差距仍未缩小，部分中西部地区，农民对农业生产的投入依然集中于土地和劳动要素的投入，仍然存在外延式扩大生产、粗放经营、超载放牧、乱砍滥伐等现象，农村的"短板"一定程度上限制了农业快速发展；农业产业结构不合理，农业生产风险大，拓展供应链、延长产业链、提高价值链、维护农业产业安全风险大。特别是国内农业生产成本快速攀升，农业生产成本较高，农户利润薄，农产品价格居高不下，农业比较效益下降。2018年，我国稻谷、小麦、玉米、大豆的生产成本分别高出美国47%、53%、116%、139%。历史上我国"南粮北运"格局，今天已转变为"北粮南运"，物流成本占到粮食销售价格的20%~30%，比发达国家高出1倍左右。大宗农产品价格普遍高于国际市场价格，按配额外最惠国税率计算，粮食进口到岸税后价低于国内市场价格，关税配额将失去对国内粮食生产的保护作用。2020年中国粮食进口量创下近十年来历史之最，2020年玉米进口量是2018年的3倍，小麦进口量是2018年的2.5倍，大豆进口量更是达到惊人的1亿吨，而2014年大豆进口量才7 000万吨。尤其在中美摩擦加剧的当下，我国大豆进口高度依赖美国，极易形成"受制于人"的被动局面,对我国粮食安全构成一定威胁。仓廪实,天下安,如何在"双重挤压"下,创新农业支持保护政策、提高农业竞争力,是必须面对的一个重大考验。

随着我国工业化、城镇化进程加快,大量青壮劳动力从农村向城镇转移,留在农村从事农业生产的劳动力总体呈现老龄化趋势,种粮意愿普遍较低,土地撂荒情况时有发生。农村剩余劳动力转移面临较多难点,乡镇企业对劳动力吸纳能力逐渐减弱,农村劳动力素质偏低导致就业选择面狭窄,直接影响到城乡经济发展和社会稳定。据河北省农林科学院调查,2019年河北省有的地区农民自己种粮每亩纯收入只有17.9元。"60后"勉强种、"70后"不愿种、"80后"不会种、"90后"不提种,未来中国的土地,谁来种、怎么种、种什么、为谁种是一系列迫切需要解决的重大问题。

最后,随着京津冀协同发展、雄安新区规划建设、冬奥会筹办以及北京大兴国际机场临空经济区和中国(河北)自由贸易试验区的推进,城乡资源要素流动加速,城乡互动联系增强,如何在新型城镇化深入发展的背景下,加快乡村振兴的步伐,实现城乡融合发展,共同繁荣,共同富裕,是必须解决好的一个重大问题。

第二节 推进特色产业扶贫模式的重要意义

一、有助于实现巩固拓展脱贫攻坚成果同乡村振兴有效衔接

党的十九大把精准脱贫作为决胜全面建成小康社会必须打好的三大攻坚战之一,《乡村振兴战略规划(2018—2022年)》更是明确提出:"把打好精准脱贫攻坚战作为实施乡村振兴战略的优先任务。"党的十九大报告提出要"按照产业兴旺、生态宜居、乡风文明、治理有效、生活富裕"的总要求实施乡村振兴战略,从脱贫攻坚到乡村振兴,是从雪中送炭到锦上添花的变化,从产业扶贫到产业兴旺是乡村振兴战略的基础和首要任务,而农村三产融合则是实现农村产业兴旺的重要抓手。可以说,农村三产融合发展不仅是国家实施乡村振兴战略的重要抓手,也是巩固拓展脱贫攻坚成果的现实选择。一方面,农

村三产融合以第一产业——农业为依托，通过技术渗透、产业联动及体制机制创新等方式，创新利益联结机制，壮大村级集体经济收入，让贫困户通过入股、务工、创业等方式，参与到农村三产融合发展中，分享产业链带来的增值收益，从而达到带动贫困地区农民实现稳定脱贫、长久致富的目的。农村三产融合发展可以有效解决我国欠发达地区农村居民收入低、农村发展凋敝的问题。另一方面，农村三产融合发展通过高新技术对农业产业的渗透、三次产业间的联动与延伸、体制机制的创新等多种方式，深度挖掘农业的多功能性，打破一二三产业之间原有的界限，使得资金、技术、人力及其他资源进行跨产业集约化配置，将农业生产、加工、销售、休闲农业及其他服务业有机整合，形成较为完整的产业链条，带来农业生产方式和组织方式的深刻变革，实现农村三次产业协同发展，促进农民增收，激发农村发展的新活力。可以说，推进农村三产融合发展是实施乡村振兴战略产业兴旺最为重要的途径。2021年作为全面推进乡村振兴的开局之年，也是脱贫攻坚任务完成后，对摆脱贫困的县，从脱贫之日起设立5年过渡期的开局之年，做好我国农村三产融合发展，对于做好产业兴旺、实现巩固拓展脱贫攻坚成果同乡村振兴有效衔接、平稳过渡，推动"三农"工作重心历史性转移，具有重大意义。

二、有助于推动我国城乡融合发展

城乡关系是我国经济社会发展的一个基本关系。在长期农业支持工业、农村支持城市的城市优先发展政策下，我国呈现典型的城乡二元分割特征，农村内生发展动力不足、生态环境恶化、公共服务配置严重不足，导致农村逐步走向衰败甚至凋敝。农业户口和非农业户口的户口管理制度非常严格，而城市的基础设施、公共服务较农村完善，再加上城市福利制度的存在，使得城市和农村之间差距依然很大，城乡的结构性矛盾只是有所缓和，并未根本消除。随着乡村振兴战略的实施，农村地区的基础设施、教育服务、医疗水平、人居环境等方面逐步完善，越来越多的资源向农村地区倾斜与覆盖，农民生活品质提高，乡村治理有效，城乡一体化进程加快。国内外城乡一体化发展的经验给我们启示，不能简单地围绕改造传统农业来实现农村经济的发展，不能完全局限于要求传统农民自力更生来解决城乡协调发展的问题，不能仅仅依靠政府的力量改造城乡二元经济结构。关系"三农"的问题要综合考虑、多元参与、统筹协调。推进产业兴旺，产业融合不仅是突破产业边界、促进不同产业间交叉与渗透的过程，也是强化城乡关联、重构区域空间结构的过程。产业融合强化了城乡之间的要素关联，使农业、工业和服务业之间互相渗透，打破了二元经济背景下农村发展农业、城市发展非农产业的传统分工格局，优化了城乡资源的空间配置，大大提高了资本、劳动力、技术等生产要素在城乡之间的流动性。城市非农部门和农村的农业部门紧密融合，城市的先进科学技术、生产设备、经营管理、充裕的资本、高素质的人才等资源向农村倾斜，鼓励农村产业创新和城市产业下沉，既要挖掘农村发展的内在动力，又要发挥以城带乡的外在推力。通过城乡双轮驱动，进一步缩小城乡差距，让农民更多地享受到农业产业链延长带来的价值增值，同时改变农村相对落后的局面，实现城乡融合发展。

三、有助于提高我国农民收入

乡村振兴为农民而兴。从城乡收入的角度来看，城市经济的快速发展和农村经济缓慢攀升，非农经济的快速发展和农业经济的不景气形成鲜明的对比。工业化和现代化发展过程中，劳动力大规模转移到城市和非农部门，支撑城市经济高速增长。推进农村三产融合，实现产业兴旺，一是提高了城市对农村富余劳动力的"拉力"，农村富余劳动力由农业向非农产业、由农村向城市转移，是城镇化发展的基本趋势；二是农村三产融合，促进了农民增收、农村富裕，有利于缩小城乡收入差距。一方面，现代科学技术与传统农业的结合，或者通过生物链将农业内部的种植养殖融合发展，使传统的农业生产向高效、优质的现代农业生产方式转变，农业生产效率大幅提高，直接提高了农民的收入水平。另一方面，农村一二三产业融合使传统单一的农业生产经营活动发展成集农业研发、种植（养殖）、加工、物流、销售、旅游等于一体的复合型现代农业，既扩大了农业市场范围，也将与农业价值链相关的二、三产业增加值更多地留在农村，拓展了农民就业增收的渠道。

四、有助于推进农村改革开放

农村地区孕育着丰富的农业资源和生态禀赋，充分挖掘这些资源禀赋不但可以给农村带来巨大的商业利益，还能保护资源，改善人居环境。农村三产融合需要打破原有的"农业+"旧思维模式，比如农业+旅游业、农业+生态环保、农业+文化产业、农业+生物制药等单纯的产业加总，而是要实现三产一体化，将农业与其他产业相互糅合、相互延伸、相互渗透，最终融为引领多元一体，逐步形成新业态，以实现更大程度上的横向与纵向产业融合组织，完成由点（农业）到线（产业链）到面（产业融合）到立体（引领多元一体）的发展。农村三产融合能够在第一产业的基础上，更好地实现农业的多功能性。不论是从近20年日韩两国农业"第六产业"的经验来看，还是从我国新田园主义来看，推进农村三产融合发展，对农民利大于弊。因此，推进农村三产融合发展的积极意义还表现在：一是有利于农村土地改革，畅通城市生产要素进入农业和农村，保障乡村产业融合的要素供给，促进以城带乡和以工促农；二是有利于承包土地流转，推进农业产业结构调整，加快农业品牌建设，提高经济发展速度；三是有利于宅基地改革，拓展农民的收入渠道，改善人居环境，发展富民乡村产业；四是有利于农村集体建设用地改革，实现加工制造业和现代服务业对农业转型升级的带动作用，提高农业产业附加值；五是有利于整合土地资源，统筹生态、生产、生活，拓展农业的多功能性，打造农业农村经济新的增长点。

五、有助于实现农业农村现代化

传统农业在实现小农经济自给自足的基础上，很少有农业剩余，因此对经济增长的贡献十分有限。农业农村现代化主要依靠包括物质、人力、技术、制度等一系列不断改进的要素应用于传统农业中引发的变革和更新，表现为农业劳动力素质提高、农业生产机械化的普及等，具体体现为农业劳动生产率提高、农业产出率显著上升、农产品商品率明显提高。农村三产融合改变以往经营规模小、生产成本高、经济效益低的传统农业经济，为农业农村现代化建设提供产业发

第三章 特色产业扶贫模式的背景及意义

展的保障。从农业农村现代化的基本特征来看,一是较高的科技贡献率,表现为以现代农业科学技术为核心;二是完备的农业基础设施,表现为覆盖范围广的农田水利工程以及配套设施、灵活便捷的农产品流通渠道、城乡一体化的职业教育和科研推广平台、标准化的粮棉油生产基地、严格的用材林和防护林的生态环境保障;三是农业机械化水平和生产力较高,表现在农业生产过程中因地制宜实施机械化操作,全面提高劳动生产效率;四是土地产出率较高,传统农业的小规模、分散化经营逐渐演变成土地集约化经营和适度规模化经营,一定程度上降低农业生产成本,全面提高土地生产效率;五是农业产业化发展,表现为瞄准区域,找准特色主导产业,确立市场、农业龙头企业和产业基地的循环发展,辐射带动农户、家庭农场、农民合作社、股份合作制经济组织、农业产业联合体、农业社会化服务组织的产业组织形式等;六是发达的农业教育、科技推广体系,表现为农业生产者综合素质全面提升,应对市场风险的能力显著增强,农业的产前、产中和产后服务体系不断健全;七是城乡融合发展,表现为劳动力转移的大规模减少、城镇和乡村资源公平配置、公共服务趋同;八是农业农村可持续发展,表现为生产、生活、生态相协调,乡村优秀的传统文化、红色文化,得以赓续传承。

总之,推进特色产业扶贫模式的研究,实现由产业扶贫到产业兴旺,加快特色产业一二三产业融合发展,是以农村一二三产业之间的融合渗透和交叉重组为路径,以产业链延伸、产业范围拓展和产业功能转型为特征,以产业发展和发展方式转变为结果,通过形成新技术,发展新业态、新商业模式,带动资源、要素、技术、市场需求在农村的整合集成和优化重组,乃至农业农村产业空间布局的调整,有助于促进农民增收、带动农民致富,对于实现我国城乡融合发展、农业高质高效可持续发展、农业农村现代化具有积极促进作用,在现阶段,对于实现巩固拓展脱贫攻坚成果和乡村振兴有效衔接,对于走共同富裕的道路具有重要意义。

第四章 以高质量乡村振兴推动农业农村现代化

随着"三农"工作重心历史性转移到全面推进乡村振兴、加快农业农村现代化建设的新阶段，我国脱贫地区乡村产业发展还处在初级阶段，产业链条比较短。2021年我国乡村常住人口近5亿人，占总人口的35.3%，我国低收入群体的主体是农民，2021年河北省农村居民人均可支配收入18 179元，河北省脱贫户人均纯收入11 156元。"十三五"期间，全国农民年人均可支配收入14 713元，河北省农民年人均可支配收入14 134元。预计到2025年，全国农村居民人均可支配收入将达到25 641元，年均增幅8.4%；河北省农村居民人均可支配收入将达到23 096元，年均增幅7%。农民富裕富足是我国实现共同富裕的重要标志，发展产业是解决农村一切问题的前提。推进乡村产业振兴，要以当地资源禀赋建成的特色产业为基础，以三产融合发展为核心，以新型经营主体为关键，以联农带农富农机制为根本，以党建引领多元一体为保障，在传统的"计划经济"与"市场经济"模式之外，开创经济新秩序，寻求农业农村现代化的创新潜力之路。

第一节 加快发展乡村特色产业化

按照资金跟着项目走、项目跟着规划走、责任跟着资金走的要求，建立产业项目库，将前期谋划、中期实施、后期监管到整改提升过程作为一个闭环系统，实施项目闭环式管理。坚持规划引领，按照资金使用要求，谋划储备一批项目；中期按序时拨付衔接资金，开工一批、在建一批、竣工一批；后期加强项目资产的监管，实现保值增值；整改提升是上一年的结束，也是下一年的开始，依据考评监督等发现的问题，及时整改，实现项目资金绩效阶梯式的上升。这里我们以河北省为例，具体介绍。

第四章 以高质量乡村振兴推动农业农村现代化

一、基于资源禀赋谋划特色产业

在京津冀协同发展的背景下,如何把河北脱贫地区的自然禀赋特征和优势转化为经济高质量地发展?这取决于当地干部群众的认知能力。

河北省在地理区位上蕴藏着巨大的发展潜力,不仅有环京津、环渤海这两大优势,还地处北纬 38°,拥有这一得天独厚的自然禀赋优势。北纬 38°有"地球的金项链"之称,是全球最佳农作物的种植区,孕育出了许多高品质的农产品,河北的藁城小麦、深州蜜桃、献县金丝小枣等驰名中外。北纬 38°带与滹沱河流域相伴而行,南北纵深 110 千米,包括天津、石家庄、保定、衡水、廊坊、沧州等地全部或部分地区,降雨集中在 7—8 月的高温时段,水和热同步出现,为旱作雨养农作物生长提供了基础条件。石黄高速公路沿滹沱河自西向东穿过,独特的空间区位优势,是发展现代农业的理想区域。

燕山地区,包括北京、张家口、承德、秦皇岛的全部或部分地区。地处内蒙古高原与华北平原交界区域,特别是坝上地区,这里气候冷凉,冰雪资源充沛,风大,光照时间长。承德践行"绿水青山就是金山银山"的理念,经过几代人的努力,将"黄沙遮天日,飞鸟无栖树"的荒沙秃岭,建成了水的源头、云的故乡、花的世界、林的海洋,铸就了塞罕坝精神。张家口以筹办冬奥会为契机,按照"首都水源涵养功能区和生态环境支撑区"的战略定位,利用冷凉的气候、独特的阳光、风力、冰雪等资源,大力发展设施绿色农业、文化旅游、新能源、大数据产业,构建零摄氏度以下特色产业体系,把劣势转化成为优势。

太行山区位于河北省西部,北起拒马河,南至漳河,纵贯华北平原南北,连接京冀两地,包括北京、保定、石家庄、邢台、邯郸等地的全部或部分地区,面积约占河北省的 1/3,地势西高东低,受山东雨影响和太行山阻挡作用,这里土壤瘠薄、生态脆弱、交通闭塞、产业落后,但红色资源丰富。太行山高速公路和南水北调中线沿太行山东麓穿过,为太行山地区经济发展动能转换、产业转型升级带来新的机遇。

二、构建G型特色产业格局

充分利用燕山、太行山和北纬38°带土地的属性、特征对人类及其他生命族群生存的影响，梳理和借鉴多年来开发利用的经验，提升土地内在价值，尊重自然规律，按照区域功能定位和科技、绿色、品牌、质量农业的要求，制定县级特色产业"十四五"发展规划，打造县级巩固拓展脱贫攻坚成果同乡村振兴有效衔接示范区、现代农业示范区，提升河北脱贫地区经济发展活力。在燕山地区，建设零摄氏度以下绿色产业和生态经济区，重点发展设施特色农业、大数据、光伏、风力发电和冰雪经济，加快建设京张承体育文化旅游带，把冷资源变成热经济；在太行山地区，开发建设"一路三带"，依托太行山高速公路，建设生态文化旅游带、中医药养生产业带、山地特色农业产业带；在黑龙港流域，沿滹沱河，以石黄高速公路为主线，重点打造北纬38°绿色产业隆起带，承接京津产业转移，进行生产力布局；在更大产业范围、更高层次上，构建"多县一带、一乡一业、一村一品"的乡村特色产业G型发展格局，G即是英语绿色（green）的简称。充分发挥乡村在保障农产品供给和粮食安全、生态保护、优秀文化传承等方面的特有功能，推进特色产业发展，壮大农村集体经济，促进农民增收，加快农业农村现代化的建设步伐。

三、推进特色产业集群建设

乡村产业越升级，越需要龙头企业的带动。以新型经营主体为关键，按照"三品一标"的要求，培育全产业链标准"领跑者"，推动品种培育、品质提升、品牌打造和标准化生产。新技术革命和创新能力不断改变着人们的生活方式和社会的经济结构，而中小企业是加快县域经济科技创新的主力军。截至2021年底，我国有1.54亿户市场主体，其中95%以上是中小企业。这些中小企业贡献了50%以上的税收、60%以上的GDP、70%以上的技术创新、80%以上的城镇就业人口、99%的企业数量，是推动高质量发展的重要基础。抓优势特色产业集群建设，依托的是农业农村资源，培育的是农业龙头企业，参与的是广大农户，打造的是特色鲜明、业态丰富、创新活跃的乡村产业。开展"万企兴万村",推动村企合作、村村合作、村社合作,把脱贫地区特色产业纳入全省乡村产业发展,围绕107个县域特色产业集群、15个特色优势产业集群一体推进,统筹六大产业提升工程,聚力打造21个特色产业带、100个省级现代农业示范区,带动脱贫地区特色产业转型升级,壮大县域经济,催生多个农业产业化联合体和农业社会化服务组织,聚合上中下游完整环节,打造全产业链,借助网商平台,推动农业由"卖原料"向"卖加工产品""卖品牌产品"和"卖服务"转变。

第二节 推进农村三产融合立体化

以三产融合发展为核心,在农业产业化发展的基础上,将一二三产业进行交互,将第二产业标准化的生产理念和第三产业"以人为本"的服务理念引入第一产业的发展,不仅是一种纵向发展,也能够使农业得到横向发展,更是从平面发展转变为多维度的立体发展,完成由点(农业)到线(产业链)到面(产业融合)再到立体(引领多元一体)的发展过程(图4-1)。

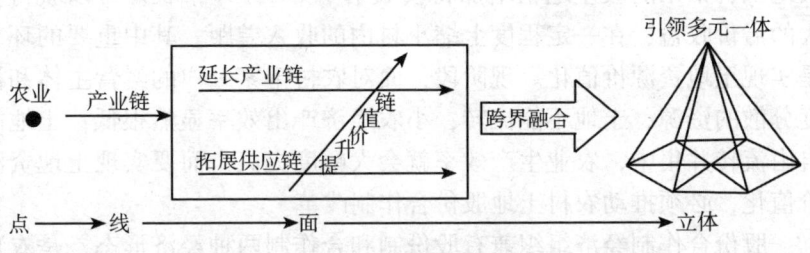

图4-1 三产融合从点到线到面再到立体

一、建立股份合作制经济组织

三产融合是以第一产业农业为基本依托,通过产业联动、产业集聚、技术渗透、体制创新等方式,将资本、技术及资源要素进行跨界集约化配置,综合发展农产品加工业等第二产业;同时使农业生产、农产品加工业与销售、餐饮、旅游、文化、康养等第三产业有机整合在一起，乡村各产业有机融合、协同发展，实现农业产业链长度的延伸、供应链宽度的拓展、价值链厚度的提升，最终将长度、宽度与厚度紧紧拧在一起，让农户共享增值收益。

三产融合不仅是产业链融合和跨界融合，而是从动物（包括人）、植物、微生物"三物"循环到建设生态文明的过程，更是农业生产、生活、生态"三生属性"的具体表现：一是第一产业内部产业整合型融合，种植与养殖相结合；二是农业产业链延伸型融合，以第一产业农业为中心向前后链条延伸，将种子、农药、肥料供应与农业生产连接起来，或将农产品加工、销售与农产品生产连接起来，或者组建农业产加销一条龙；三是农业与其他产业交叉型融合，如农业与加工业融合形成品牌农业，农业与文化、旅游业融合而来的休闲农业等；四是先进要素技术对农业的渗透型融合，信息技术的快速推广应用，既模糊了农业与二、三产业间的边界，也大大缩短了供求双方之间的距离，使得网络营销、在线租赁托管等成为三产融合发展的新趋势。借用级差地租理论来分析，农业"一产"只能增加绝对地租，"二产"增加的是产业级差地租，而三产融合因极大地拓展了被重新定价的要素范围，带来的级差地租增加将会数倍于"二产"，农户可以获得更大的溢价收益，在一定程度上缩小村内的收入差距。其中重要的环节是实现土地资源价值化。现阶段，面对农村千家万户的经营主体和极度分散的资源，土地不能流转，小农经济产出效率显然很低；土地能自由流转并集中，农业生产效率就会大幅度提高。而要实现土地资源价值化，必须推动农村土地股份合作制改革。

股份合作制经济组织兼有股份制和合作制两种经济形态，是农户在合作制基础上，将土地、资金、劳动力等资源资产资金折价入股，依法自愿组织起来，并采取股权设置、组织管理的一种新型经济实体。根据《中华人民共和国公司法》"有限责任公司由五十个以下股东出资设立""设立股份有限公司，应当有二人以上二百人以下为发起人"的规定，采取"龙头企业+合作社+农户"的形式，龙头企业带合作社，合作社带农户。股份合作制经济组织实行按股分配和按劳分配相结合，是盈利与互助相互兼顾、市场主体和农户互利共赢的有

第四章 以高质量乡村振兴推动农业农村现代化

效形式,是发展特色产业、壮大农村集体经济和增加农户财产性收入的重要途径,是对马克思主义合作制与股份制理论的继承与发展,为促进共同富裕开辟了道路。

二、重点建设"三个链条"

在推进路径上,要补齐技术、设施、营销等短板,一是延长产业链。大力发展现代农产品加工业,立足县域布局产地初加工、精深加工和副产物综合利用,打造农产品加工集群。二是拓展供应链。加快发展现代农产品流通业,大力推进仓储保鲜冷链物流设施建设,积极发展农村电商和农村金融,把农产品更加快速、低成本地送到消费者手中。三是提升价值链。推动农业与文化、旅游、教育、医疗等产业深度融合,培育田园艺术、休闲旅游、农事体验、健康养生等新产业新业态。

三、开展衔接示范区创建

进一步优化省级财政衔接资金投入方式,支持县级巩固拓展脱贫攻坚成果同乡村振兴有效衔接示范区建设,作为开展"百县千乡万村"乡村振兴示范创建的"牛鼻子"。衔接示范区贯彻创新、协调、绿色、开放、共享的新发展理念,在县域范围内,以功能定位准确、基础条件较优、生态环境良好、政策措施有力、投资机制明确、运行管理顺畅、联农带农富农作用显著、防止返贫机制有效为标准,以10个以上行政村成方连片的特色片区为开发单元,面积一般不低于5 000亩,核心区不低于20%,打造巩固拓展脱贫攻坚成果的样板、产业项目联农带农富农的样板、资金资产高效使用的样板、三产融合发展的样板、部门协调联动的样板,确保衔接示范区单位面积产值处于全省先进水平,农民人均收入增速高于全县农民平均收入增速,脱贫人口人均收入增速高于全省农民人均收入增速。省乡村振兴局、省财政厅按A、B、C、D档次,每年向相关市级政府通报年度评估结果,给评估结果B档次(含B)以上的衔接示范区安排后续绩效奖励资金。同时,评估结果与下年度支持相关市建设衔接示范区数量挂钩。衔接示范区建设实施完成后,开展终期评估,达到建设标准后,分级创建一批乡村振兴示范乡镇、示范村。

第三节 推动城乡融合发展一体化

推进城乡融合发展一体化，是国家现代化的重要标志，也是实现农民全面发展、农业农村全面进步的基础所在。在推进城乡融合发展一体化过程中，必须坚持共享发展理念，要打破大多数原料在农村、加工在城市、劳动力在农村、产业在城市的二元格局。

一、把县域作为城乡融合发展的重要切入点

强化以工补农、以城带乡，加快形成工农互促、城乡互补、协调发展、共同繁荣的新型工农城乡关系。2021年，我国常住人口城镇化率已达到64.7%，比上年增长了0.8个百分点。从目前到2035年是我国破除城乡二元结构、健全城乡融合发展体制机制的窗口期。要强化统筹谋划和顶层设计，强化提高土地出让收益用于农业农村比例政策的落实。农民进城务工是个大趋势，要把该打开的"城门"打开，促进农业转移人口市民化，确实增加农民的打工收入。要推进县域空间布局、特色产业、基础设施等统筹发展，坚持农业农村一体设计、一并推进，要强化基础设施和公共事业县乡村统筹，加快形成县乡村功能衔接互补的建设管理格局，推动公共资源在县域内实现优化配置。要赋予县级资源整合使用的自主权，强化县域综合服务能力，加快实施数字乡村建设发展工程，把乡镇建设成为服务农民的区域中心。

二、实施乡村建设行动

当前，我国乡村正处于形态快速演变的阶段，乡村建设要遵循城乡发展建设规律，做到先规划后建设。脱贫攻坚以来，农村基础设施有了明显改善，但农村欠账还很多，往村覆盖、往户延伸还存在明显薄弱环节，投资空间很大。要继续把公共基础设施建设的重点放在农村，加快补齐短板。在推进城乡基本公共服务均等化上要持续发力，加强普惠性、兜底性、基础性民生建设。要接续推进农村人居环境整

治提升行动，重点抓好改厕和污水、垃圾处理，健全长效机制。农村人口向城镇集中是大趋势，乡村建设是为农民而建。"乡村文明是中华民族文明史的主体，村庄是这种文明的载体，耕读文明是我们的软实力。"城乡一体化发展，要保留村庄原始风貌，尽可能在原有村庄形态上改善农民生活条件，注重保护传统村落和乡村特色风貌，留得住青山，记得住乡愁。不能违背农民意愿，超越发展阶段，盲目大拆大建，搞大规模村庄撤并，要稳扎稳打、分类指导。

三、丰富农民的精神文化生活

乡村建设，不仅要塑形，更要铸魂。要加快新时代文明实践中心、所、站建设，推进乡村文化振兴。农村社会主义精神文明建设是滋润人心、德化人心、凝聚人心的工作，要加强农村思想道德建设，弘扬和践行社会主义核心价值观，推进农村思想政治工作，感党恩、听党话、跟党走，知民心、晓民情、解民意，把农民群众精气神提振起来。开展形式多样的群众文化活动，孕育农村社会好风尚。普及科技科学知识，推进农村移风易俗，革除高价彩礼、人情攀比、厚葬薄养、铺张浪费等陈规陋习，反对迷信活动，推动形成文明乡风、良好家风、淳朴民风，创建文明家庭。注重农村青少年教育和精神文化生活，深化"扣好人生第一粒扣子"主题教育实践，完善举措，加大投入，促进其健康成长。

四、打造美丽宜居的生活环境

农业是个生态产业，农村是生态系统的重要一环。民以食为天，食以安为先，要牢牢把住国家粮食安全主动权。目前，改善农村生态环境、治理农业面源污染还处于治理存量、遏制增量的关口。要持续抓好化肥农药减量、白色污染治理、畜禽粪便和秸秆资源化利用，加强土壤污染、地下水超采、水土流失等治理和修复。要健全草原森林河流湖泊休养生息制度，巩固退牧还草、退耕还林成果，开展大规模国土绿化行动，加强生物多样性保护。构建国家记忆体系，打造大运河文化带。国家力争 2030 年前实现碳达峰、2060 年前实现碳中和，农业农村减排固碳，实现生态资源价值化，既是重要举措，也是潜力所在。加强农村生态文明建设,全面推进乡村生态振兴,要践行"绿水青山就是金山银山"的理念,爱山如父、爱水如母、爱林如子,不断增强自律捍卫意识,不断提升绿水青山"颜值",不断做大"金山银山"价值。

第四节 实现农民增收渠道多元化

发展新型农村集体经济是实现农民共同富裕的物质基础。深化农村改革,建立更加稳定的联农带农富农利益联结机制,既要完善产业帮扶与农村低保有效衔接的机制,更要在推进三产融合中,让农民参与进来,把产业链延伸环节更多留在乡村,让脱贫群众更多分享产业增值收益。

一、把小农户融入产业链挣薪金

发挥村集体经济"统"的作用,按照"项目安排精准"的要求,大力发展有利于农户增收致富的产业项目,补齐技术、设施、营销等短板,推动"一县一业、一乡一特、一村一品"产业提档升级;建链补链强链、拉长产业链、拓展供应链、提升价值链,将小农户融入产业链,鼓励农户积极参与到产业主体和交通运输、服务等产业链中来,促进一二三产业融合发展,加大以工代赈项目的管理,及时足额发放劳务报酬,让农户就近就地就业获得劳动工资收入,切实提高脱贫群众的产业参与度和受益度。

二、深化农村集体产权制度改革赚租金

新时代建立农村基层党组织领导的农村集体经济组织制度和村民自治组织制度,构成了我国农村治理的基本框架,为中国特色农业农村现代化提供了基本的制度支撑。在衔接示范区,整合资源资产资金,实施资本化运作,激发农村资源要素活力,探索让农民长期分享土地增值收益的有效途径。第一步,由村集体经济组织发挥熟人社会的中介作用和集体资产的杠杆作用,借用企业上市股改完成股权设置及协商定价,村集体经济组织在"三资"转为股权过程中发挥"保荐

第四章 以高质量乡村振兴推动农业农村现代化

人"作用,作为村内部"三资整合者",建立"初次定价"的一级产权市场,形成"归属清晰、权责明确、保护严格、流转顺畅"的现代产权制度。对资源清产核资颁证,按照土地"三权分置"的原则,在产权交易中心的价格指导下,农民通过土地"租赁收益+合作社+入股分红",将土地经营权流转到村集体经济组织;将村集体经营性项目资产,按照"明晰所有权、放活经营权、落实监管权、确保收益权"的原则,量化到人、分红到户;将各类财政资金、帮扶资金和现有村集体资金等"以投转股",根据一般农户、建档脱贫户、监测户三种不同的户类别,进行不同的折股量化,确定成员股份份额。把股本按资源股、资产股、资金股和其他分为四类,一般村集体持股(优先股)占40%,社员持股(普通股)占60%,完成社员大会、董事会、监事会的组建。第二步,对外引资相当于形成二级债权市场,村集体经济组织承担村域资产管理公司的职能,将在内部完成的初次定价的资产,通过股权、债权"发包"给村内合作社,而合作社进一步引进外来的龙头企业和工商资本,通过股份合作制以合作社为中介将分散的农户与工商企业予以对接,以股份量化为机制将农户分散的资产经营权和使用权变为无差别的股权,与工商资本进行"耦合",形成农户、合作社与社会资本合作 PPP 模式组合投资和多元化的开发机制。第三步,将新型经营主体引入地方"场外交易"三级股权市场——石家庄股权交易所"乡村振兴板"或北京证券交易所"专精特新"板挂牌或上市,促发形成资产增值机制,推进资产证券化,权属可拆分可交易,投资人退出时,村集体经济组织做"回购商",实现村集体资产的溢价增值收益。这为城乡之间要素充分流动、三产融合打开了通道,也可让农户获得资产收入(图4-2)。

三、壮大农村集体经济分红金

以村集体增收为根本出发点,在遵循"政府配置衔接资金、市场配置社会资本"的原则下,以科技含量附加值高的项目为平台,推动资源变资产、资产变资金、资金变资本、农民变股东"四变"改革。土地变资产,信用变资金。将沉睡的土地资源通过土地流转转化成经营主体的资产;通过林权、宅基地使用权和土地经营权抵押贷款,将

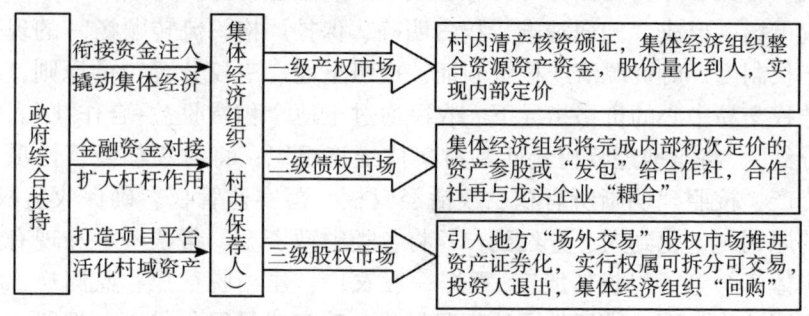

图4-2 以村集体经济组织构建三级市场

资产转化成信贷资金。建档立卡脱贫户通过扶贫小额贷款入股合作社并参与生产,按不低于6%年固定分红。资金变资产,农民变股东。

把政府配置的衔接资金,整合下放、折股量化、参股投放到项目,通过资产物化,将资产折股量化给村集体经济组织,将资产收益权明确到村集体,合作社以量化的产权资金额度每年6%~8%的标准作为村集体经济组织分红收益。认定村集体经济组织成员身份,以土地承包证、宅基地证和林权证确定一般农户村集体成员权,在此基础上,以乡村振兴部门的建档立卡系统确定建档脱贫户和监测户村集体成员权。股份量化以户口、人数为标准,以户为单位,人人平均。实行"增人不增股、减人不减股,三十年不变,五年一微调"的静态管理。三资变股金,股金变资本。通过挂牌或上市,构建引领多元一体的股份合作制经济组织,把产业发展的增值收益更多留给农民,年终纯收入合作社提取公益金、公积金和风险金后再进行分配,村集体经济组织与农户按股分红,村集体股份分红与村民的社区表现挂钩,40%安排公益岗进行差异化分配,60%用于合作社扩大再生产,建立激励和约束机制,集体经济组织带动有效乡村治理,保障农民的财产性收入。

四、做好三次分配收善金

三次分配是在完善的道德体系下,高收入群体以捐赠、慈善的方式实现对低收入群体的帮扶,是调节收入分配、实现共同富裕的有效办法。要在市场初次分配、政府兜底二次分配的基础上,发挥扶贫基金会、慈善协会、社会帮扶组织的作用,鼓励高收入群体以慈善等形式进行帮扶,村"两委"将精神文明建设、生态文明建设和乡村治理的成果,采取"道德银行"积分制,转化为股权奖励,切实解决重点监测户返贫致贫的问题。

第五节 开创党建引领多元一体化

推进乡村全面振兴是一项系统工程,涉及社会的方方面面。既要有顶层设计,又要有基层探索。要坚持以人民为中心,以党建引领共同富裕,健全党领导农村的组织体系、责任体系、政策体系、工作体系。构建引领多元一体的乡村经济治理体系,发展股份合作制经济组织是实现共同富裕的重要保证,要不断提高集体经济组织化,把乡村振兴融入中国式的农业农村现代化。

一、正确把握农业农村发展新的历史定位

坚持把解决好"三农"问题作为全党工作重中之重,举全党全社会之力推动乡村振兴。一是加快推动工作重心的"三个转向",把工作对象转向所有农民,把工作任务转向推进乡村"五大振兴",把工作举措转向促进发展,使农业农村与国家同步实现现代化。二是要抓紧"三项任务"的落实,聚焦产业促进乡村发展,扎实稳妥推进乡村建设,加强和改进乡村治理。三是巩固好拓展好脱贫攻坚成果,把增加脱贫群众收入作为根本举措,把加快脱贫县发展作为主攻方向,不断缩小脱贫群众的收入差距和脱贫县的发展差距,确保兜底保障水平稳步提高,确保"三保障"和饮水安全保障水平持续巩固提升,确保不发生规模性返贫。

二、强化创新驱动的政策措施保障

以农业供给侧结构性改革,尽快破解一些"卡脖子"的问题。一是破解钱从哪里来。加大政府转移支付的力度,合理安排地方财政资金投入规模,逐步提高用于特色产业发展的比例,适当向乡村振兴重

点帮扶县倾斜，允许边缘户享受使用财政衔接资金，推动均衡发展。要建立健全支持新型经营主体发展的税收政策体系，适时调整政策优惠力度。发挥财政投入引领作用，研究设立用于三产融合发展的专项贴息贷款，探索产业链融资、园区融资等模式，大力发展林权、农民宅基地使用权、农村土地经营权抵押贷款；通过政策性农业保险制度对生产过程中的自然风险和市场价格风险进行分散和转移，并进行经济补偿；支持以市场化方式设立乡村振兴基金。开展信用户、信用村、信用乡、信用县"四信联建"，建立信用信息数据库。二是解决地从哪里出。盘活存量，调优增量，支持建立健全农村产权流转市场体系，发挥农村产权交易中心的定价机制。在衔接示范区和现代农业园区建设中，采用"设施农用地+建设用地+永久基本农田+林地+一般耕地"五地联动的模式，形成用地组合。要严防死守18亿亩耕地红线，建设高标准农田。三是创新人才到哪里找。制定财政、金融、社会保障等激励政策，吸引各类人才返乡入乡创业。鼓励原籍普通高校和职业院校毕业生、外出农民工及经商人员回乡创业兴业。建立告老还乡制度，鼓励退休公职人员回村发挥余热。探索通过岗编适度分离，推进专家人才定期服务乡村。加快发展人力资源服务业，持续推进农业创新驿站服务模式，培养懂农业、会管理、能掌握先进农业生产技术的职业农民。允许农村集体经济组织探索人才加入机制，吸引人才、留住人才。

三、提升党领导"三农"工作的能力和水平

各级党委要坚决担负起政治责任，落实农业农村优先发展的方针，毫不松懈地加强组织领导和支持保障，切实把五级书记抓乡村振兴的要求落到实处。各级党委农村工作领导小组要健全议事协调、督查考核等机制，切实发挥牵头抓总的作用。健全多部门联动参与的工作机制，加强"三位一体"的工作协调机制，因地制宜地加强分类指导，农办侧重于政策协同，农业农村部门侧重于产业，乡村振兴部门侧重于农村，各负其责又密切配合，共同推进乡村振兴。乡村振兴各项政策，最终要靠农村基层党组织来落实。要选优配强乡镇领导班子、村"两委"成员，特别是村党组织书记。要推动各类资源向基层

第四章 以高质量乡村振兴推动农业农村现代化

下沉,为基层干事创业创造条件,正确处理"一个顶层设计"和"多种基层模式创新"的关系。发扬脱贫攻坚精神,建设一支政治过硬、本领过硬、作风过硬的乡村振兴干部队伍,对各级领导干部开展集中培训,特别是各级主管领导干部,继续用好乡村干部和工作队,以更大的力度全面推进乡村人才振兴和组织振兴。要广泛依靠农民、教育引导农民、组织带动农民,激发广大农民群众积极性、主动性、创造性,投身乡村振兴,建设美好幸福家园,不断夯实党在农村的执政根基。

第五章 乡村社会保障和社会治理

第一节 推进农村社会事业

推进农村社会事业发展是乡村振兴的重要组成部分。长期以来，我国广大农村地区与城市相比，由于相对缺少资金投入和人才支持，社会事业发展较为缓慢，不能进一步满足广大农民对幸福生活的更高需求。实施乡村振兴战略，建设农民幸福家园，必须要加强农村社会事业建设，真正解决农民最急迫的生活需求问题，从帮助农村贫困人口脱贫到提供普惠性的公共服务，不断改善农民的生活条件，切实提升广大农民的满足感和幸福感，补齐这一制约乡村振兴的短板。

一、农村社会事业发展历程

广义的农村社会事业包括农村的教育、医疗卫生、社会保障、文化体育、劳动就业、社会治安、突发公共事件预防与管理等方面。本文仅分析农村社会事业中的教育、医疗卫生、养老三个方面。改革开放以来，我国农村社会事业蓬勃发展，取得了令人瞩目的成就，大致可以分为建立发展、提升完善和改革突破三个主要阶段。

(一) 建立发展阶段 (1978—2002年)

改革开放后，我国逐步建立起与经济社会发展相适应的义务教育制度、农村合作医疗制度、农村社会养老保险制度，农村社会事业随着相关政策制度的出台得到不断发展。教育方面，1986年，全国人大通过了首部《中华人民共和国义务教育法》，为九年义务教育的实行提供了法律保障；医疗卫生方面，逐步建立起农村合作医疗制度，积极推进农村医疗卫生事业的发展；养老方面，1987年3月，民政部发布《关于探索建立农村基层社会保障制度的报告》，农村养老开始逐步纳入社会保障体系当中。

(二) 提升完善阶段(2003—2012年)

这一阶段我国农村社会事业不断提质增效。教育方面,不断深化农村教育改革,完善农村义务教育免费政策和经费保障机制。医疗卫生方面,新型农村合作医疗制度建立,医疗服务覆盖范围不断扩大,质量不断提升。养老方面,2007年,国务院提出在全国农村建立最低生活保障制度,并对农村最低生活保障的对象、标准、范围及管理做出明确规定。2009年,国家开始实施新型农村社会养老保险试点工作,养老保障制度不断完善。但要指出的是,这些制度大部分是以"城市和农村相对隔离、市民与农民不同的公民身份"为前提的,当时,我国社会事业的发展是城乡二元而非城乡统筹。

(三) 改革突破阶段(2013年至今)

党的十八大对我国城乡社会事业做出了全面深化改革的战略部署,城乡统筹的社会事业制度体系逐步建立,改革取得新突破。

教育方面,全面推进落实城乡一体的义务教育制度。2021年,中共中央、国务院在《关于全面推进乡村振兴加快农业农村现代化的意见》(以下简称《意见》)中提出,要提高农村教育质量,多渠道增加农村普惠性学前教育资源供给,继续改善乡镇寄宿制学校办学条件,保留并办好必要的乡村小规模学校,在县城和中心镇新建改扩建一批高中和中等职业学校。完善农村特殊教育保障机制。推进县域内义务教育学校校长教师交流轮岗,支持建设城乡学校共同体。面向农民就业创业需求,发展职业技术教育与技能培训,建设一批产教融合基地。开展耕读教育。加快发展面向乡村的网络教育。加大涉农高校、涉农职业院校、涉农学科专业建设力度。

医疗卫生方面,城乡统一的居民医疗保险制度逐步建立,《意见》提出,全面推进健康乡村建设,提升村卫生室标准化建设和健康管理水平,推动乡村医生向执业(助理)医师转变,采取派驻、巡诊等方式提高基层卫生服务水平。提升乡镇卫生院医疗服务能力,选建一批中心卫生院。加强县级医院建设,持续提升县级疾控机构应对重大疫情及突发公共卫生事件能力。加强县域紧密型医共体建设,实行医保总额预算管理。完善统一的城乡居民基本医疗保险制度，合理提高政府补助标准和个人缴费标准，健全重大疾病医疗保险和救助制度。

养老方面，在 2014 年提出的将城乡居民基本养老保险制度合并的基础上，《意见》提出，落实城乡居民基本养老保险待遇确定和正常调整机制。推进城乡低保制度统筹发展，逐步提高特困人员供养服务质量。加强对农村留守儿童、妇女、老年人以及困境儿童的关爱服务。健全县乡村衔接的三级养老服务网络，推动村级幸福院、日间照料中心等养老服务设施建设，发展农村普惠型养老服务和互助性养老。

由农村社会事业的发展历程可以看出，随着习近平新时代中国特色社会主义思想的贯彻落实和乡村振兴战略的推进，农村社会事业健康发展，城乡基本公共服务均衡发展、普惠共享是历史的必然。

二、农村社会事业发展面临的问题及原因

随着我国社会主义建设进入新时代，社会主要矛盾发生变化，"三农"问题也呈现出不同以往的新特征，突出体现在农村的文化教育、医疗卫生和养老等社会事业供给短缺，城乡公共服务发展不均衡，农民共享现代化发展成果不充分等方面。

（一）农村社会事业发展面临的问题

1. 教育方面

一是农村教育经费投入不足。我国农村义务教育经费保障机制实行的"中央和地方分项目、按比例分担"政策，从整体上有效缓解了农村教育面临的经费不足问题，但与城市相比仍然有较大差距，农村学校的基础设施及师资力量不能满足进一步发展需要。根据近年全国教育经费执行情况分析，我国农村中小学教育经费在总量上和人均上都存在不足，增幅也低于全国平均水平。

二是农村教育资源配置不合理，资金使用效益不高。当前农村教育资源投入配置比较固化，没有实现因地制宜，灵活性较差。从乡村学校的情况来看，普遍存在软硬件发展不均衡现象，大部分学校在学校房屋等硬件设备投入较多，在学校管理、师资福利、活动组织及信

息技术等软件方面投入较少。同时部分农村学校资金管理较为混乱，农村教育经费使用效益不高，有时出现监管缺失的情况。

三是农村教育质量存在较大提升空间，农村师资建设任重道远。农村教育发展不充分问题不仅是受教育年限问题，更根本的是质量问题。一些农村学生受各种因素影响，对学习重视度不够，学习成绩不理想，厌学情绪严重，有些学生虽然重视学习，但学校教学质量不高，这些都使农村学生后期遇到的压力和挑战更大。同时，农村地区不比城市的热闹繁华，对人才的吸引力十分有限，教师的流动性较大，年轻的高水平教师较少，学校只能根据有限的师资力量开设语文、数学等主要课程，而像英语、信息、美术等非主要课程缺乏专业教师，往往只能学生自学或由主课老师临时替代，从而影响教学效果。

四是县域义务教育基本均衡尚未全部实现。截至2019年底，全国累计2 767个县（含市、区及实施义务教育的其他县级行政区划单位）通过义务教育基本均衡发展国家督导评估认定，占95.32%，仍未实现100%全部认定。当县域义务教育发展不均衡和城镇化进程并存时，就引发了农村学校小规模化、县镇巨班大校化，加大了解决教育发展不均衡问题的难度。

2. 医疗卫生方面

一是资金投入不足，资金供给不平衡。医疗卫生的财政资金投入重城市、轻农村，重大中型医疗机构、轻基层医疗机构的情况普遍存在。据某市卫计局2018年度财政预算方案，对于市人民医院一家的财政投入达到近1 500万元，而对于近400家基层医疗机构的财政投入约为1.32亿元，平均每家仅有30多万元的财政支持。但该市户籍总人口中农村人口占比在85%左右，且该市人民医院万元以上医疗设备总价值达到近1.4亿元，而其他400家基层医疗机构的设备总价值不到5 000万元，前者是后者的三倍左右。

二是人才队伍分布不合理，人才水平不高。目前医疗人才的缺乏与医疗队伍水平的落后成为农村基本医疗服务的短板。据某市卫计局的统计数据，该市的医疗人才队伍在市区和基层乡村的配备存在数量及质量两个不平衡情况：数量不平衡表现在其市人民医院配备了超过1 500人的在岗员工，其中专业医疗技术人员超过1 200人，而全市近400家基层医疗卫生机构只有不到1 500人的在岗员工；质量不平衡主要指医疗人才专业程度的不平衡，市医院执业医师有近400人，而近400家基层医疗机构执业医师仅600人左右，平均算下来，每个基层医疗机构执业医师不到2人。医疗卫生人才队伍结构的失衡、人才的匮乏，严重影响农村基层医疗机构的医疗卫生服务水平。

三是新医改政策宣传不够，政策监管有待完善。首先，新医改政策宣传力度不够，大部分农民仅仅处于听说阶段，缺乏深入的了解，有时因为不懂政策错失机会。其次，新医改政策的资金监管不够完善，比如基层医疗机构对补贴资金的使用和绩效资金的使用没有做到完全公开透明。一方面医务人员没有参与资金流动各个环节，无法保障监督权和知情权；另一方面广大农民群众的监督作用也没能充分发挥。对于政府购买的服务，虽然政府在服务单价上严格把关、层层考核，但是对于服务的质量仍旧缺乏监督机制。

3. 养老方面

一是资金来源渠道有限，资金投入不足。目前，农村养老服务的资金渠道主要包括财政投入、项目收费和社会融资。财政投入方面，政府对农村的养老投入与农村对养老资金的需求存在巨大差距。项目收费方面，由于农民的购买力有限，这部分收入也难以满足养老服务的资金需求。社会融资方面，由于农村一些小型养老机构很难得到实际的优惠政策支持，盈利模式的缺乏导致它们积极性受阻，进而使农村养老服务供给主体越发单一。此外，捐助等方面的经济来源也很不稳定。资金投入不足及来源渠道单一，导致农村养老服务的运作、管理、发展都相对较难。

二是服务设施数量、功能有限，缺乏专业的使用、维护人员。农村现有居家养老服务设施不能完全满足老年人需要，日间托管、生活照料、助餐配餐、医疗保健、康复护理等养老需求在大部分农村都是缺乏的。现有的设施最多集中在诸如休息座椅、少量健身器材上，其他生活服务设施（如小超市、快递站、食品店、小菜市场等）、医疗保健设施（如急诊室、小药房等）、文体活动设施（如健身小广场、棋牌室、阅览室等）、社区公共卫生间等数量严重不足。卫生站医疗设备有限，医疗人员专业性不足，对器械的使用缺乏经验。值得一提的是，目前湖南省在部分村建设的村级综合服务平台，集说事议事、便民服务、文化娱乐、商务流通、卫生医疗"五大功能"于一体，能较好满足村集体和村民需求，有效实现了为民服务。

三是养老服务专业人才不足，业务素质不高。目前，我国农村养老服务的主要矛盾是老年人的护理需求大而专业服务人员严重不足。与城市相比，农村养老服务管理人员工作条件差、待遇低，故难以招到专职的服务管理人员，愿意到农村服务的志愿者也是少之又少，目前大多是村干部兼职管理，他们忙碌于村务工作难以分身，普遍还是按照老办法、老路子来管，只能抽空管一点是一点，科学管理能力不足。同时，服务的专职人员业务素质不高，与服务质量标准存在一定差距。随着农村老龄化的加剧，养老服务需求主要集中在医疗护理、生活照料、心理慰藉等方面，需要专业化人员来提供服务。很多农村从事养老服务的人员缺少系统培训，往往凭借生活经验和民间土办法来服务老人，效果和质量达不到要求。另外，服务的专业队伍也不稳定，农村劳动人口大多不愿待在乡里工作，有条件的更愿意外出打工，少数在农村从事养老服务的人员如有城里的工作机会随时准备流动，难以保持稳定的队伍。

（二）农业社会事业发展存在问题的原因

1. 受城乡二元结构的影响，农村社会事业资金供给缺乏保障

我国农村发展主要问题之一是缺少公共经费，近几年政府也一直在着力解决此问题，出台了一系列支农惠农政策，但受制于农村落后的经济状况，短期内城乡资源配置依然难以实现平衡。

第一，农村经济基础薄弱。我国农村长期以来是传统的小农经济模式，早年是小作坊，后来推行农村经济合作社将分散的资源整合，虽然提升了一些效率，但规模仍然有限，农产品产值不高。乡镇企业作为农村集体主要收入来源之一，在具有资金、技术、管理优势的大企业冲击下发展有限。财政税收收入的捉襟见肘，使农村社会事业供

给在财源方面缺乏保障。

第二,上级政府对农村的转移支付资金难以及时到位。为了工作便利,有些上级政府将本应由自己提供的农村社会事业的供给直接转批给下一级,相关的资金往往难以及时调配,导致项目难以实施。还有一些项目,政府投入前期建设资金后,由于缺少持续性的资金支持,没有后续的服务管理,发挥不了实际用途,造成项目闲置浪费。因此,资金作为农村社会事业发展的重要基础,会影响农村社会事业供给的有效性,需要加强对资金的保障。

2. 缺乏科学统筹规划,相关制度机制不健全

首先,决策机制不健全。农村社会事业的主要服务对象是农民,需要什么样的服务他们最有发言权,需要充分听取农民意见,否则就将出现脱节的情况。多数情况下,我国农村社会事业的供给是由上级政府决策的,缺少充分的农村调研,不够接地气,虽然符合国家政策,但是否符合每个农村的实际情况和特点,还有待详细调查论证。

其次,监督机制不健全。健全的监督机制是保障农村社会事业供给合理与公平的基础,有限的农村社会事业资金只有得到充分的监督,才能确保使用得当和高效。上级拨付资金是否能够及时下来,是否用得足,是否存在资金虚报和不到位的情况,还有待监督管理。

最后,人才培养机制不健全。农村社会事业缺少发展空间,留不住人才,人员仅能够维持基本的运转,缺少专业人才的引进、储备、培养机制,难以招到高素质人才提升管理服务水平。

3. 多元供给格局尚未形成,互联网利用率较低

第一,社会事业多元供给格局尚未形成。长期以来,我国社会事业的供给都是以政府为单一主体的供给模式进行的,政府在社会事业领域还没有做好将职能转变为统筹规划、组织协调、资金扶持和评估监督的准备。近年来,我国社会事业的供给开始采用政府购买服务模式,这种模式有很多的优点,比如能够吸引一些社会资本进入公共服务领域,减轻政府初期投入压力,但是需要执行严格的标准和程序,在义务教育、医疗卫生等与人民切身利益密切相关的基本公共服务领域难以推行。同时,由社会组织及企业提供基本公共服务的模式也尚

不成熟。一方面我国社会组织发展历程较短,实力较弱,缺少经验积累;另一方面即便由能力和实力较强的企业来提供服务,其需获得相应的行政审批,且在政府管制下提供服务,盈利和政府补贴的不确定性使其积极性大打折扣。

第二,互联网利用率较低。就目前情况来看,互联网在农村社会事业领域的应用范围较小,并没有充分发挥互联网在资源共享方面的优势。例如农村学校的网络建设不够完善,大多数是由本校老师开展现场教学,网课、视频教学等"互联网+教育"形式还在起步阶段,与传统教学的良好结合仍需时日。

三、农村社会事业健康发展策略

针对当前农村社会事业发展面临的诸多困境与现实挑战,应不断探索农村发展模式,提高农村发展水平和质量,在教育、医疗卫生、养老等方面与城市同步推进建设,推动城乡公共服务均等化,促进农村社会事业持续健康发展,让广大农民群众切实获得幸福感、满足感,把广大农村地区建成农民的幸福家园。

(一)城乡融合发展,促进资源向乡村流动

1. 重塑城乡关系,坚持两者平衡发展

城乡融合发展是实施乡村振兴战略的重要举措。

一是要转变思想,打破传统的城乡发展观,树立起农村与城市平衡发展、携手共进的理念。长期以来,我国向城市投入了更多的资源,涉及发展规划、方案时往往更多考虑城市因素,广大农村地区缺少资金和资源支持,还要向城市输送农产品、劳动力等支持城市加快发展,城乡差距不断扩大,形成城乡二元化格局。实施乡村振兴,就要摒弃以前的旧观念,让农村获得与城市同等的发展机会,加快推进农村基本公共服务建设,实现城乡普惠共享。

二是要政策支持,建立人才、资金等各种发展要素向农村聚集的机制。制定更加优惠的政策,吸引更多的城里人到农村创业兴业,改变之前缺钱少人的状况,以点带面带动一方经济发展,支持乡村振兴战略实施。

2. 发挥城市综合优势，带动乡村走上振兴之路

城市是我国经济发展最快最好的地方，在经济、文化、教育、医疗等方面具有综合性优势。地方主要的企事业单位和社会组织一般都位于城市，要通过政策导向，引导它们以结对帮扶等形式支持农村发展社会事业，从资金、人才等方面发挥城市带头作用，不断缩小城乡差距，实现基本公共服务普惠共享。例如，基于我国城市数量少、农村地广人多以及城市有一定的综合实力等因素来支援农村建设，推动构建城市对农村、企业对农户一帮一、一帮多的定点帮扶制度。

一是要做好顶层设计。以制度为基础，建立健全一套城市帮扶农村的体系，将城市的公共服务资源不断向农村延伸，让农村人口能够享受到与城市等同的公共服务。二是要发挥乡镇连接城市和农村的纽带作用。城市基本公共服务资源向农村延伸是逐级逐步的过程，乡镇一级尤为重要，是一个关键结合点，发挥着承上启下的衔接作用，特别是重点镇、中心镇应加强资源布局。

3. 促进人才流动，建立精简专业的服务队伍

能否促进农村社会事业健康发展，人才是关键要素。当前农村在待遇、环境、发展空间方面与城市存在一定差距，因此一方面要加强宣传教育工作，促进全社会形成正确的城乡观念；另一方面也要采取相应的激励措施，使人才获得实实在在的回报，促进人才向农村流动。

一是要建立灵活的人才机制，打通人才流通渠道与晋升通道。例如实行村干部和基层公务员的选调机制，对城乡服务人员实行统一登记管理制度，打破行政与事业两套编制的藩篱，让人才能够交流互通，避免出现各单位人员"固化"现象。采取职级并行制，给予农村事业单位人员更多的晋升空间和机会，形成能上能下、左右互通的人才流动机制。

二是优化农村服务人员薪酬待遇体系。有条件的地方可以将农村公益性事业单位绩效纳入省级统筹工资制度，为农村人员薪酬提供有效保障，缩小城乡待遇差距。

三是实施农村社会事业人才专项培育计划，以"订单式"培训提

高农村社会事业服务质量和水平，充实农村地区急缺的社会事业专业人才。

在广大农村初高中毕业生中，选择对医疗、教育、养老事业有兴趣的学生，由村集体提供各种费用去学校学习培训，学成之后回到村里为乡亲提供服务。这既避免了部分学生因贫辍学，也解决了他们的就业问题，还摆脱了农村社会事业人才不足困境，为农村留住较为稳定的社会事业人才，可谓一举多得。

（二）加强资金保障，拓展筹资渠道

1. 完善转移支付制度，提升资金利用效率

一是完善和优化财政转移支付制度，理顺各个环节的权责关系，打通财政投入渠道，明确各级政府公共服务范围，畅通财政对于农村地区的合理资金投入，杜绝层层拖延现象。

二是发挥政策引领作用，优先财政向农村公共服务的一般转移支付，资金规模和比例向农村倾斜，特别是向解决农民急难愁盼问题的项目倾斜。给予基层财政调配资金的灵活性，结合农村实际情况优化项目结构，提高财政资金的使用效率。

三是建立有效的激励监督机制。农民作为公共服务的受益人，在政府对农村地区进行供给的过程中，农民有权要求政府将具体的服务事项、资金的使用情况等内容公开，鼓励农民主动参与服务供给的监督过程。通过对财政转移支付的项目进行全方位的监督、管理、审查，提高财政转移支付资金的利用效率。

2. 培育多元化供给主体，拓展筹融资渠道

一是创新公共服务项目融资机制，拓宽市场化筹融资渠道。可以利用资本市场工具实现筹资与融资，如发行长期国有债券，利用政策性、开发性金融机构获得低息长期贷款。逐步放松对社会资本进入农村公共服务领域的管制，培育多元化供给主体，积极鼓励社会资本投资农村准公共服务，通过政府补贴、政策担保、减免税额等多种方式撬动吸引社会投资，扩充农村公共服务的供给。

二是拓展社会化筹融资渠道。举办大型公益募集活动，如希望工程、春蕾行动等，充分利用财税杠杆，通过免税减税、补贴奖励等多

种方式减少社会组织开展公益性服务的成本,保障基本的活动经费。鼓励并吸引社会捐款,弥补政府在公共医疗、基础教育等方面的资金短缺。

(三)加大政府统筹支持,优化农村社会事业供给环境

1. 健全法规制度,优化法治环境

一是健全法规制度。加强农村社会事业项目在各级政府之间以及政府与社会组织之间的统筹协调,建立一套完善的制度体系。以制度引导、政府主导,并结合基层公共部门在充分调查研究基础上的自由裁量权,集中投入农民最需要的公共服务,以灵活高效的公共服务,提高农村居民满意度。当然,公共部门的自由裁量权必须符合相关的规定,以切实保障农民权益,提高服务质量和效率。

二是有效发挥司法监督作用。对农村公共服务的执法、守法、司法流程进行全程监督,发现问题要以事实为依据、法律为准绳认真调查、严肃处理,重点打击农村地区社会事业供给涉黑涉恶及村霸行为,净化农村环境。

2. 健全需求表达制度,持续发挥新媒体的正面引导作用

一是要逐渐提高农民需求表达的能力。通过建立一些联合学习平台、开展村组学习讨论会,为农民提供一个学习农村政策的良好环境。开展农民民主意识教育,使其认识到农村社会事业与自己切身利益密切相关,发挥其当家作主的权利,为农村社会事业提供实用高效的参考依据。我国农村目前还是典型的熟人圈子,当中的农民精英有较高的话语影响力,特别是农村党员应充分发挥模范带头作用,通过言传身教、躬身力行提高农民主体意识,传递正能量,营造一种积极活跃、乐于表达的良好环境氛围。

二是要持续发挥新媒体的正面引导作用。随着互联网及信息技术的普及发展,农民也开始认识并学习各种新媒体的表达方式。新媒体目前的特点是引人注目,主要依靠社会热点获得流量,对缺乏流量支撑的农村和农民关注少。因此,要引导新媒体下乡入村,深入村组、深入群众,发现农村生活真实的需求与期盼。我们也看到,随着爱心助农、精准扶贫等助农活动深入人心,源自农村的新媒体作品越来越

多，像短视频直播带货等，他们代表农民群众发言，为广大农民群众服务。此外，政府监管部门要规范新媒体平台，从内容和形式上引导其良性发展，净化新媒体生长环境。鼓励搭建农村电子商务平台、微信公众号、小程序等，拓宽农民信息沟通交流渠道，更便捷地服务农民群众。

（四）打破时空限制，以"互联网+"拓宽农村社会事业发展渠道

由于我国农村社会事业供给的缺乏，财政不仅要发挥"保底"作用，还要从支出比例上向农村倾斜，特别是农村教育、医疗、养老等方面，同时还应依托现代信息技术，以"互联网+"的方式拓宽农村社会事业发展渠道。"互联网+"的方式有利于构建柔性的农村社会事业发展体制，推动资源流动与集聚，便利获取外部人才支持，让农村社会事业供给降本增效，为公共服务的普惠共享提供更加便利的条件，加快城乡一体化进程。

1. 构建"互联网+农村医疗"的服务方式

农村新医改政策需要包含"互联网+农村医疗"等新型医疗服务方式。"互联网+农村医疗"最主要的优点就是不受地域、时空的限制，让农村病人足不出户获得医生的优质服务，经过医生初诊，不需要到医院的就可以居家吃药治疗，有需要的再入院治疗，节省了看病时间和不必要的医疗费用，从而减少病人的就诊开支，也有利于分级诊疗制度的实施。据了解，在新冠疫情期间，"互联网+"的医疗服务方式成为一个重要组成部分，国家卫健委的委属管医院互联网诊疗比2019年同期增加了17倍，一些第三方互联网服务平台的诊疗咨询量比同期增长了20多倍，处方量增长近10倍。构建"互联网+农村医疗"的服务方式需要重点完善以下几个方面。

一是规划"互联网+农村医疗"整体方案。各级政府应积极主导建立农村"互联网+农村医疗"的相应制度体系，如政府应指导县、市医院与乡镇卫生院、村卫生室等基层医疗机构建立医联体、医共体等合作单位关系，在医疗业务上进行指导，从服务上保证远程诊疗的实现。同时为资金投入、人才培育以及绩效考核等工作制定相应机制。

二是政府主管部门应通过多种方式组织筹集"互联网+农村医疗"事业发展资金。结合具体的农村医疗工作，各级政府可以尝试为农村"互联网+农村医疗"制定专项政策，设置专项资金，专项用于发展农村医疗卫生事业，推动农村医疗事业再上台阶。

三是搭建"互联网+农村医疗"网络平台。医疗网络信息平台作为整合卫生服务资源的重要载体，能够有效提高农村应对疾病及处理突发公共卫生事件的能力，政府应当大力鼓励互联网企业与医疗机构合作，有条件的地方尽早建好互联网平台，早建好早受益。

2. 构建"互联网+农村教育"的服务方式

农村教育仍是我国教育的薄弱环节。近年来，国家通过实施"三通两平台"（指宽带网络校校通、优质资源班班通、网络学习空间人人通，建设教育资源公共服务平台和教育管理公共服务平台）、"教学点数字教育资源全覆盖"（指以开足、开好国家规定课程为目标，支持各教学点建设可接收数字教育资源并利用资源开展教学的基本硬件设施，并通过卫星传输方式，推送数字教育资源至各教学点）等工程，使互联网普及在农村教育中取得了一定的成效，但仍存在硬软件基础设施不完备、师资配备不合理、专项资金投入不足和制度政策不完善等困难。因此，构建"互联网+教育"的服务方式需要重点完善以下几个方面。

一是强化硬件、软件、数字化资源相关基础设施的投入。没有基础设施，"互联网+农村教育"就是无源之水。通过加大对硬软件的投入，可以打破农村跟城市的时空限制。在硬件投入上，首先应保证互联网在农村的覆盖面积，同时应最大程度为学校配备计算机、电子黑板、电子课桌等信息化教学设备。鉴于农村学校教师部分年龄偏大，硬件的投入以简单实用、便于操作为主。软件方面则应根据农村的实际情况，偏向于优秀高质的课程共享、方便实用的智能 App 开发应用等。

二是投入资金的使用要注意结构，提高效率。对于硬件投入不达标的农村学校，应先加大硬件的资金投入，先补足硬件基础设施。对于已达标的农村学校，下一步资金投入应注重教学软件的开发利用。

三是用政策吸引和留住师资，增加师资培训。要根据农村学生实际情况，合理安排各个学科的教师数量。可以根据招聘教师的不同水平层次，在工资福利等方面给予相应的区分，提高农村教师的积极性。针对不同教师的信息技术掌握水平，也应进行相应的培训和考核。当地政府积极发挥统筹支持的作用，通过推动不同层级水平的学校开展"校际合作"，促进校际定期交流，树立标杆，以先进带动落后，从而提升区域教育整体实力。

四是完善制度保障，加强评估指引。结合各学校的自身特点和不同发展阶段，制定科学合理的评估指标来引导农村学校信息化发展。处于基础起步阶段时，主要选取基础设施完备度、设备使用效率及损害程度等指标来评估，加强基础硬件的配置和利用。在逐步规范完善阶段，通过筛选将一些信息化发展较好的学校树立为标杆，向广大师生推广，发挥示范引领作用。在发展提高阶段，将当地本土特色，如少数民族文化、非物质文化遗产、红色文化等融入学校的互联网教学中，实现百花齐放，差异化发展农村特色教育。

3. 构建"互联网+农村养老"的服务方式

相对于医疗、教育行业来说，互联网在农村养老方面的运用，目前仍处于初期阶段。未来新型的"互联网+农村养老"，可以通过互联网的云数据库，对农村老年人的健康情况、生活习惯、个人要求等信息进行汇总处理，利用互联互通互助的网络优势，快速解决传统养老难以解决的老年人员情况掌握不清楚、健康问题发现不及时、投入资金和人力大却效果不佳等问题。

一是明确政府角色，加快制度建设。一方面要在制度层面上制定统一、可操作的法律法规和管理规章，如考核体系、服务达标标准、工作守则等；另一方面工商、质检、民政等部门应对各类养老机构的注册、运营等活动进行全方位监管，并根据服务监督情况动态发布其诚信等级。同时要带动科研、养老、医疗保健等一系列人才参与农村智能化养老服务，发挥社会群体的力量。

二是加大财政投入，加强资金保障。一方面政府可将"互联网+农村养老"所需要的资金纳入专项预算，由政府投入一部分前期引导资金，对于部分弱势群体，政府应采取优惠或免费政策让其享有服务；另一方面要积极引进社会资本，弥补政府资金的不足。

三是推广智能技术服务养老生活，引领农村老年群众赶上新时代。一方面社会和家庭要学会关爱、理解老年人，耐心教导其对智能设备的操作，帮助老年人克服使用智能设备的心理障碍；另一方面要加大技术装备的研发，研究完善专门适合老年人的技术设备，如适合老年人的佩戴式医疗保健设备、可视呼叫器、平板电脑、老年手机等智能设备，降低其复杂程度，方便老年人使用。

四是搭建养老服务信息平台和养老服务应用系统。一方面要完善基础数据库系统，包括农村老年人健康信息、养老机构基本信息、老年用品基本信息等各种信息；另一方面要促进各类不同信息及系统之间的共享，让老年人可以方便快捷地获取医疗保健、家政服务、紧急救援等各种服务。

农村社会事业健康发展，关乎全民小康大局。相对于快速推进的城镇化和日新月异的信息化，农村社会事业发展是农业现代化进程中的短板，是城乡融合发展的薄弱环节。应该把促进农村社会事业健康发展，作为推进美丽乡村建设、打造农民幸福家园的重中之重来抓紧抓实抓到位，以全面助力乡村振兴，将我国建成富强、民主、文明、和谐、美丽的社会主义现代化强国。

第二节 健全乡村治理体系

农业农村现代化是实施乡村振兴战略的总目标。长期以来，为解决好吃饭问题，我国花了很大精力推进农业现代化，取得了长足进步。相较而言，农村在基础设施、公共服务、社会治理等方面与城市差距相当大。农村现代化既包括"物"的现代化，也包括"人"的现代化，还包括乡村治理体系和治理能力的现代化。健全自治、法治、德治相结合的乡村治理体系是党的十九大提出的重大现实课题，笔者结合中国乡村实际，提出以下八条建议。

一、坚持党的领导时刻不能动摇

中国特色社会主义，最本质的特征是中国共产党的领导。习近平

第五章 乡村社会保障和社会治理

总书记说过,"我国乡村振兴道路怎么走,只能靠我们自己去探索",要"走中国特色社会主义乡村振兴道路"。"党政军民学,东西南北中,党是领导一切的。"中国特色的乡村治理,最重要的一条是坚持党的领导。

（一）加强村党组织对村各类组织和各项工作的领导

《党章》第三十三条对农村基层党建作出权威性规定:"街道、乡、镇党的基层委员会和村、社区党组织,领导本地区的工作和基层社会治理,支持和保证行政组织、经济组织和群众自治组织充分行使职权。"这就明晰了农村基层党组织在农村各种组织中的领导地位、对农村各项工作的领导作用。

健全以网格化管理为基础的村党组织体系,加强以党组织为核心的村级组织配套建设,在有条件的地方积极推行村党组织书记通过法定程序担任村民委员会主任和村级集体经济组织、合作经济组织负责人,确保农村各类组织在党组织统一领导下依法开展工作。

（二）切实加强党在农村宗教事务中的领导

一是基层党组织要牢牢把握宗教工作的主动权。坚持宗教的中国化方向,大力弘扬马克思主义和习近平新时代中国特色社会主义思想,组织村民尤其是农村教徒定期学习马克思主义中国化的最新理论成果,坚持先进文化的前进方向,自觉抵制和坚决阻止违反四项基本原则、违反改革开放等错误思想观点在农村的传播。

二是坚持"保护合法、制止非法、遏制极端、抵御渗透、打击犯罪"的工作方针。既要治理宗教问题,又要切实维护信教群众的合法权益。充分利用正规宗教团体作为桥梁纽带加强农村教徒和党组织的联系,妥善处理各种宗教工作关系,坚决抵制宗教政治化、商业化和极端化等不良倾向。

三是加大人性关怀力度,提升村民幸福感。重点关心关怀留守老人,完善养老敬老基础设施和工作机制。

四是将农村宗教工作纳入村委会成员的绩效考核,明确村委会干部的宗教管理职责。在信教人员较多的地方要成立村级宗教工作领导小组,定期开展村内宗教工作会议,部署村级宗教管理任务。

(三) 加强基层党组织建设

农村基层党组织是乡村治理体系中最核心的组织,处于中心地位,发挥领导核心作用。

一是选优配强村支部书记。继续重视发挥第一书记、大学生村官等"输血"机制作用。坚持从乡村优秀群体中选拔村党组织书记,包括本村致富能手、复员退伍军人、返乡创业人员、乡贤精英、乡村教师、大学生村官等。

二是提升基层党组织整体战斗力。推行支委和支部书记"两推一选"方式,持续将年富力强的党员干部吸收为支委班子成员,实现学历年龄"一升一降"。完善激励机制,提高农村基层干部的政治待遇和经济待遇。

三是提升农村党员队伍整体素养。开展对农村党员的大规模培训工作,提升其政治素质、党性修养和能力本领,强化党员干部的使命担当。

二、坚持基层自治是核心

坚持基层自治在乡村治理中的基础性地位是保证乡村治理有效、实现乡村振兴的前提。我国乡村自治是指在村委会的领导下,引导农民在一定范围内进行自我治理的制度,广大村民通过民主选举、民主决策、民主管理、民主监督四个环节,实现自我管理、自我教育、自我服务、自我提高的过程,是实现村民当家作主的民主制度。村民自治通过"四个民主"唤醒广大村民参与乡村事务的觉悟,提高村民参与水平和质量,实现乡村治理的民主化。

(一) 完善村民自治体系

一是完善以村党组织、村委会、村民会议、村民代表会议、村民议事会、村民小组为主体的村民自治组织体系。

二是依法厘清乡镇和基层自治组织的权责边界,理顺村委会与其他村级组织的关系,清理规范村民自治组织过多承担的政府延伸职能,明晰权利和责任边界。

三是不断完善民主议事制度,把乡村重大事务的决策、管理、监督等事项交给村民，确保民主监督落到实处。

四是利用电话、网络新媒体等工具创新村民参与途径。推行政务、村务阳光工程，条件许可的村庄可以建立门户网站，在网上实现村务公开等，使村民自治制度更好地体现时代性。

（二）提升村民参与自治的能力

村级治理中，村民是最重要的参与主体，村民有效参与的自治才是有质量的自治。

一是培育村民主动参与自治的意识。在乡村范围内大力普及自治参与意识教育，激发其参与的热情和动力。

二是提升村民参与自治的政治素养和能力。在自治实践中，着重凸显村民自治主体地位，提高其自我表达和自我审视能力。

三是改进村民参与自治的手段和方式。新时代村民对自治的参与除了传统管理、选举、决策、监督外，还可以通过"文明劝导员""纠纷调解员""邻里互助会"等形式进行。

（三）开展形式多样的基层民主协商

党的十八届三中全会指出，要开展形式多样的基层民主协商，推进基层协商制度化，建立健全居民、村民监督机制，促进群众在城乡社区治理、基层公共事务和公益事业中依法自我管理、自我服务、自我教育、自我监督。有一些地方在基层协商民主方面进行了深入探索和实践，形成一些有典型意义的模式和经验，值得借鉴。

比如浙江象山县的"村民说事"制度。在浙江象山，"有事，坐在一起好好说"已成为农村居民的口头禅，围坐在一起，从说事、议事，到办事、评事，倾听村民呼声，全面回应村民期盼，全方位接受村民监督。始于2009年的浙江象山县的"村民说事"制度，通过从回应、落实到问责全过程，涵盖"村民说事、村务会商、民事村办、村事民评"无缝隙流程的设计，有效解决与弥补了当前乡村协商民主建设中普遍存在的一些问题与不足。

三、坚持依法自治是保障

法治是乡村治理的重要保障，村委干部带头守法，增强村民的法律意识是提高乡村治理现代化水平的重要前提。习近平总书记指出，国无常强，无常弱，奉法者强则国强，奉法者弱则国弱。基层治理必须符合法治社会的要求，构建科学的乡村治理体系必须以法治为原则和标准，坚决摒弃"人治"模式，依法治理乡村。

（一）落实普法教育宣传工作，推进依法自治

一是要加强对干部队伍的教育培训工作。通过邀请法律专家开展专题讲座、定期组织研讨班等，强化乡村干部法治思维，使其在工作中以法律为准绳，做到有法必依、执法必严，在群众中树立公平公正的干部形象。

二是要加大法治工作在村民中的宣传力度。通过开展法律知识竞赛、知法守法讲座、经典法治案例分享会等活动，提升广大村民的法治意识，引导广大村民依法合理地表达自身利益诉求。村民法治意识不断增强，能够做到自觉守法、遇事找法，依法化解乡村社会矛盾。

（二）建立健全基本公共法律服务体系

健全完善乡镇司法所组织机构，依托乡镇司法所设立乡镇公共法律服务站，为乡村提供普惠高效的公共法律服务。协助落实村法律顾问制度，组织基层法律服务所和基层法律服务工作者参加法律服务专项活动，基本实现"一村（社区）一法律顾问"。

（三）加强对农村各类问题的预防和监管

健全农村社会矛盾预警、协商沟通、救济救助机制，组建完善村级人民调解委员会，成立农村各类专业性调解组织，打造综合性、一站式矛盾纠纷调解工作平台，整合各类调解资源力量，完善调解、行政裁决、行政复议、诉讼等有机衔接的纠纷解决机制，将矛盾纠纷解决在基层和萌芽状态，实现"小事不出村、大事不出乡、矛盾不上交"。

四、坚持以德治村是基础

在现代意义上，德治是以道德规范来约束人民行为从而维持社会秩序的治理观念和方式。道德约束是一种非正式制度约束，也是一种"软约束"，以其强烈的外在舆论压力和正确的价值导向影响乡村治理

活动，对于法律起到弥补作用。"德治"为乡村治理提供养分，涵养乡村治理体系，增强村民情感道德认同。

（一）创新乡贤文化，实现乡村协作共治

乡贤文化是我国传统文化的重要内容，其存在是封建政权和乡村自治权融合的结果。在中国古代，由于地域广泛、交通和通信条件有限等原因，形成了"皇权不下县"的传统，县域以下地方基本上为乡村，其社会治理基本受皇权委托，由民间权威即乡绅代理，各地乡绅成为乡土社会的直接和实际领导者，在开展乡村公共事务管理、公共秩序维系、地方建设组织方面起到不可替代的作用。近代以来，尽管以乡贤为重要中介的传统乡村治理格局不再，但宗族、士绅等传统社会元素并未消失，乡贤文化以新的面貌和形态继续存在。

弘扬新乡贤文化，用好乡贤特有的才识、技能、资金、品德及影响力等"财富"，能够提高乡村治理水平和治理能力、降低政府治理成本。近年来，广东云浮市通过创设乡贤理事会，整合乡村组织资源，开辟的新型"官民共治"治理新路径，正是这样一种典型。在充分发挥党的全面领导和政府主导作用、推动社会治理现代化的今天，乡村治理应从优秀乡贤文化中汲取组织和人才资源，争取民间权威、经营力量的参与支持，更好地实现乡村协作共治，打通政府治理与村民自治衔接、互动的通道。

（二）完善村规民约，发挥软约束作用

村规民约集合了传统文化相关教化思想和规范性要求，是传统文化的制度"规范版本"，在乡村社会治理结构中扮演民间"法典"角色。它在约定俗成的传统习惯基础上，结合乡村具体实际，规定着内务、对外关系处理及活动开展应遵循的准则规范，是实现乡村治理的重要载体和直接依据。其特点是内容广泛，治理弹性大、韧性强，既吸收传统道德要求，以非官方形式发挥规范作用，又与村民自我管理、自我教育、自我服务相对接，为乡村"三治合一"元素交汇提供媒介。此外，由村规民约延伸而来的传统家规家训，在规范调节宗族家族内部关系、调解家庭纷争、维持家庭和睦等方面也具有重要作用。

为了有效发挥村规民约的作用，增强乡村治理，需要规范村规民约的制定，完善确保村规民约实施的监督机制，增强村规民约对村民的约束力。

一是提高村民制定村规民约的参与度。乡村干部要经常走村串户，积极与村民沟通，听取村民的看法与意见，并积极反馈，合理意见要有效落实，提高村民的积极性。

二是提高村干部的思想认识。要让村干部认识到，制定村规民约不仅是政治任务，更是加强乡村治理的有效措施。村规民约是党的群众路线在乡村治理中的体现，要发挥群众的主体作用，让群众充分感受到村规民约对自身带来的好处。

三是加大宣传力度。除了张贴告示、挨家挨户宣传等方式外，还可以采用集中讲座、广播等形式，同时利用抖音等新媒体宣传村规民约。

（三）健全乡村道德评议机制，发挥道德模范的榜样作用

在德治过程中，建立道德评议机制，发挥道德模范的榜样作用，能够起到惩恶扬善的效果，有利于激发社会正能量，形成良好的道德风尚。建立健全道德评议机制，首先，要建立由威信较高、办事公道、有责任心、组织能力强的村民和老党员组成的道德评议机构。其次，要在广泛调研的基础上，制定为村民普遍接受和切实可行的道德评议标准和实施细则。再次，严格遵循评议程序和标准，采取公平、公开、公正的原则，采取多种评级方式，在实事求是的基础上对村民行为进行评议。最后，根据评议结果对好人好事要进行表彰和奖励，对不道德的村民要进行批评和教育。在有关村民切身利益的评优评先等事项上，要将评议结果和纠正情况作为重要参考，使道德评议活动真正发挥纠正村民不文明行为和营造文明乡风的作用。

道德模范一般是那些有着崇高精神和高尚行为的人，他们深受社会的尊崇。在尊崇道德模范的社会氛围下，人们的思想和行为也会受到潜移默化的影响。要通过各种途径引导村民学习先进人物和典型事迹，弘扬真善美，形成正向的道德激励机制，营造良好的乡村德治氛围。

五、弘扬传统文化是抓手

文化是影响乡村社会关系结构的重要力量,文化兴则乡村兴。当下的乡村社会治理,不只单纯涉及政策设计、制度建设的"奠基"问题,还有文化建设的"策应"问题。从传统文化特别是传统治理文化中吸取精华,运用传统文化的手段和力量来加强乡村治理,使之更富有人文关怀感和历史厚重感。从传统文化的角度介入乡村治理,实行"文化搭台、治理唱戏",有助于统筹协调文化振兴与乡村治理工作,实现乡风文明和乡村治理有效。

（一）弘扬传统文化与伦理道德

中华传统文化蕴涵着丰富的教化理念、人文精神、道德规范,集"修齐治平"功能于一体。在世界文化大家庭中,中华德治思想独树一帜,有效维护了社会秩序稳定,促进了人与社会、人与人、人与自然关系的和谐有序。其内容包括以孝道、差序为核心的人伦规范,以厚德、自律为核心的修身之道,以中庸、道义为核心的人际准则,以自强、有为为代表的处世精神,以爱国、济世为核心的责任担当等。这些思想智慧或情怀有利于塑造价值观、协调利益关系、强化情感认同、调处矛盾纠纷,能够为解决繁杂的乡村治理问题提供方法借鉴。

（二）丰富和发展民俗文化

我国乡村在漫长发展中,逐渐形成了各具地域和民族特色的丰富民俗文化,如多地共有或当地特有的节庆、习俗活动等。这种文化是乡村传统公共文化的生活形态,是乡村土地上的民间成果,其产生或顺应农事时节,或怀念先贤故人,或来自民间传说,深深融入乡民的生活日常,浸润着浓厚的乡情乡愁,具有浓厚的乡土气息。它以家族本位、人情礼俗、安土重迁为纽带,将传统乡村社会形塑为一个区域文化共同体,凝结"凡我族类,其心必同"的文化共识,给人以集体归属感和身份认同感。这种看似无形的感觉,恰是乡村群众参与公共治理的深层动因,对聚合乡村社会具有重要作用。对于有一定历史的村落,要加强对村志村史的探寻与修撰,提高村民对本村历史的了解与认同,增强凝聚力。对于宗祠庙堂,要引导合理修缮与保护,规范祭祀礼仪，增强传承效果。

(三) 推动优秀传统文化与新时代乡风文明建设融合

充分了解广大村民的精神文化需求，深入挖掘当地传统文化所蕴含的优秀品格和历史价值，通过完善丰富宗族家训、扩大公共文化设施供给、发展文化产业、培育绿色生态文化等方式培育乡村新风尚。开展各项优秀道德模范评选活动，发挥榜样力量，运用舆论引导村民向善向上。

六、关爱"留守儿童"，关心"空巢老人"

改革开放以来，我国经济快速发展，城市化进程加快，同时人口流动的数量、质量以及流动速度都在不断上升，农民工作为劳动力流动的主体，为我国经济进步、现代化建设作出了非常大的贡献。他们的子女大多年幼，处于身体和心理成长的关键时期，却长期得不到父母的陪伴和教育，成为"留守儿童"；他们的父母随着年龄的增长，逐渐丧失劳动能力，甚至生活自理能力，成为"空巢老人"。如何保护乡村留守儿童的基本权益，提高空巢老人的幸福感，成为新时代乡村治理的重要工作。

(一) 政府、家庭、学校"三管齐下"，保障留守儿童基本权益

各级政府加大对乡村留守儿童的关注度，成立"乡村留守儿童权益保障协调委员会"，构建政府主导下的多元主体参与格局。政府职能部门发挥主导作用，其他责任主体在各自职能范围内开展乡村留守儿童权益保障工作。逐步建立乡村留守儿童福利津贴，关注留守儿童需求，重视留守儿童家庭功能实现，加强对留守儿童的教育干预，创新留守儿童监管办法。同时，大力发展当地经济，减少外出务工现象。

家庭在解决乡村留守儿童问题方面具有不可替代的作用，要促进外出务工父母与留守儿童的沟通；在保障基本生活与教育的同时，注重孩子习惯的培养、道德的教育等；有效增加与孩子的相处时间、沟通渠道，及时了解子女的心理发展状况，在子女成长过程中给予更多关爱。

学校要合理分配教育资源,除了智力教育,更多关注留守儿童心理健康。提升"家校"合作,将一部分家庭教育的职能转移到学校教育中。学校通过与父母的定时沟通,将留守儿童的状况及时反馈给父母,共同促进其健康成长。学校环境应与社会环境有所隔离,不允许社会不良青年到学校闹事,可采用半封闭式寄宿办学制度来保障留守儿童教育环境的安全,降低留守儿童的不安全感。

(二)净化乡村社会环境,全社会共同关注留守儿童

环境是影响留守儿童身心发展的重要因素之一,净化乡村的社会环境是有效防控留守儿童隐性违法、保障其基本权益的有效途径。乡村社区应积极配合学校开展法治宣传教育活动,定期公布各类违法犯罪行为及危害,使留守儿童意识到违法犯罪的后果,不敢以身试法。同时打击对留守儿童犯罪的行为,让留守儿童有安全感。切实发挥村(社区)在留守儿童监护和教育方面的功能,多开展针对留守儿童寓教于乐的活动,加强政府相关部门和司法相关的社会社团的联系,构建学校、村(社区)和社会团体共同组成教育监护体系,共同做好留守儿童隐性违法的教育和挽救工作,形成全社会共同关爱留守儿童的社会环境。

(三)从物质精神多方面提升空巢老人幸福感

在物质保障上,加大对农村空巢老人的财政倾斜力度。各地政府根据当地农村经济社会发展水平的实际,加大对农村空巢老人基础养老保险金的发放额度,适当提高农村空巢老人医疗保险报销的比例。增加村级养老机构的数量,丰富服务内容,提升服务质量。鼓励地方企业和私营业主为健康状况良好的空巢老人提供从事生产、服务的岗位,让他们发挥余热,老有所为。

在精神幸福上,大力弘扬传统孝道文化,并赋予其新时代特征。将孝道文化纳入社会主义核心价值观体系进行宣传,让孝道回归家庭道德、社会美德的本来位置。评选"孝道之家",梳理孝道典型,批评不孝行为和不孝家庭,在乡村形成孝行光荣、不孝可耻的良好风气。加大对青少年、学生的孝道教育,让孝道文化代代传递。

七、建设乡村信用体系，营造诚信氛围

"信用"是乡村建设和发展的无形资本和特殊资源，是提升乡村形象和软实力、增强乡村综合竞争力的有效保障。城市信用体系建设在提升区域信用环境、提高社会治理水平方面发挥了巨大作用，"信用"这一新型治理工具也逐渐向乡村覆盖。从国家层面来看，乡村信用体系建设是社会信用体系建设的重要构成部分，同时也是我国《社会信用体系建设规划纲要（2014—2020年）》中提出的专项工程。经过不断发展，乡村信用体系建设已成为我国乡村基础设施建设的重要组成部分，在缓解农村信用信息不对称、提高农村生产经营主体信用、优化信用环境方面起到了非常可观的作用。在2020年中央一号文件中，明确提出了稳妥扩大农村普惠金融改革试点，鼓励地方政府开展县域农户、中小企业信用等级评价的要求，"信用"日益成为有效解决"三农"问题和发展普惠金融的重要工具。

综观国内各信用村的发展经验，我国农村信用体系的建设以金融信用为主，包括金融信贷、信用宣传和建设农村信用信息管理系统三个方面。

（一）金融信贷

创新式地将农村信用建设与金融信贷深度融合，积极与当地农商行等金融机构开展信贷合作。坚持"支农惠农"的原则，因地制宜地建立农村独特的信用评定体系。探索试点"整村授信"模式，在降低金融机构放贷风险成本的同时，有效缓解村民担保难、融资难的问题，让农户更容易获得信贷支持，助力村民致富和乡村发展。

（二）信用宣传

各地村委会和金融机构采取群众喜闻乐见的方式，开展了丰富多彩的信用知识宣传。山东各地在传统媒体的基础上，运用微信、微博等新媒体，对广大农户和贫困户加强征信知识宣传，并且以当地特色文化为主体开展文艺活动，扩大宣传受众面。西藏更是借助驻村工作队，采取村民家访、面对面答疑等方式深入推进信用文化建设。各地大力发挥榜样的力量，通过挖掘农村信用创建工作中的典型事例，积

极营造"守信者荣、失信者耻"的社会氛围。

（三）农村信用信息管理系统

村委会积极建立农户诚信档案，客观记录农村居民的基本信息、有无犯罪记录，以及守信和失信信息，为村民打造电子版的"信用身份证"。建立了完善的信用评分考核制度，通过实行信用分级，用"红名单"和"黑名单"来有效规范村民行为。广东的郁南县建立了县、镇、村三级联动的信息采集机制，同时建立了县级综合性征信中心以及县级信用数据库，制定统一的采集指标，并完善其体系。镇、村征信部门、金融机构及政府部门可运用郁南县专线与县级综合性征信中心加强沟通，并对农户家庭相关信用信息进行查询和报送。

八、运用互联网技术，推进乡村数字化建设

以大数据、物联网、人工智能以及区块链等为代表的数字化技术的日益成熟，为社会治理转型注入了新动力，提供了新型战略资源。2019年12月颁布的《数字农业农村发展规划（2019—2025年）》将"建设乡村数字治理体系"列为"推进管理服务数字化转型"的五大任务之一。如何利用数字化技术所产生的创造力、活力以及塑造力，健全乡村治理体系将是未来我国乡村治理体系现代化建设的重要方向和关键内容。数字化技术对于乡村治理体系现代化建设的赋能主要包括以下三个方面。

（一）数字化平台整合治理力量，促成多元共治局面

乡村最缺乏的并不是治理力量，缺乏的是把不同主体的治理潜能有效聚合在一起并转化为治理力量的平台。基于数据库、通信技术等立体协同的数字化平台，能将多层次甚至跨界的治理主体有效协调，结成虚拟群体参与共同治理。在乡村治理体系中，数字化平台能实现"政府主导"与"公民主体"的结合，达成"自上而下"的政府治理思维与"自下而上"的社会治理需求有效衔接。

具体来说，地方政府可借助数字化治理平台，更好地履行政府在乡村治理体系中的主导职责，精准提供乡村公共治理所需产品、服务等治理资源。村民、村两委干部、新型农村主体经营者和非政府组织

等主体,可以通过数字化治理平台献策与监督,在治理实践中献力。数字化治理平台消除了多主体参与乡村治理所存在的障碍,形成多元主体共同参与乡村治理现代化建设的良好局面。

(二)农业数字化促进乡村经济发展,夯实乡村治理物质基础

乡村治理离不开物质基础,从产业整合来看,农业数字化有助于全面采集与深度挖掘生产、检测、包装、仓储以及再加工等环节的数据,并通过卫星、航空以及地面无线传感器等"天空地"一体化的数据采集系统的聚合与分析,提高农业资源配置效率,促进农产品高质高产、集中调运、精准配送。从农业产业链建设来看,包括云计算、大数据、物联网以及人工智能等新一代信息技术在农业生产、管理各环节广泛运用的农业数字化,将促进信息智能嵌入种植业、畜牧业、渔业等的发展中,并由此催生出三产融合的新业态,为乡村全产业链发展赋以"乘数效应"。

(三)数字化加快乡风文明建设,为乡村治理创造良好的人文环境

以智能手机为载体的数字化技术已在乡村社会广泛普及,如何顺势而为将其作为提升村民综合素养、建设乡风文明的工具,是乡村治理面临的全新课题。地方政府要在《中华人民共和国网络安全法》《互联网跟帖评论服务管理规定》等法律法规指导下,制定或完善相关管理制度,有效管控和引导利用数字化技术进行的传播行为,营造良好的网络空间。在建设农村数字化图书馆、文化馆、农家书屋等基础上,利用互联网、物联网等技术充分了解村民文化需求,为村民提供健康的文化服务,充实其精神生活,增强其抵制不良信息的能力。村支两委可以利用数字化学习资源,定期组织村民开展专题教育,引导村民学习知识、开阔视野,通过"自我教育"提高综合素养。

第三节 大力发展社会组织

党的十八大以来,中国抓住时代机遇实施乡村振兴发展战略,为解决"三农"问题提供了重要理论基础,为巩固脱贫攻坚成果提供了

有力保障。2021年，中共国家乡村振兴局党组在第4期《求是》上发表《人类减贫史上的伟大奇迹》，从八个方面总结了脱贫攻坚的辉煌成就：一是贫困群众生活水平显著提高；二是贫困地区基础设施显著改善；三是贫困地区公共服务水平明显提升；四是贫困地区经济社会加快发展；五是贫困群众精神面貌明显变化；六是党在农村的执政基础更加巩固；七是为做好"三农"工作和实施乡村振兴战略积累了宝贵经验；八是为全球减贫事业作出重大贡献。同时，总结了十一点宝贵经验，其中第七点提到"广泛动员社会力量，形成脱贫攻坚合力。发挥社会主义制度集中力量办大事的优势，东部省市与中西部省份开展扶贫协作和对口支援，中央单位开展定点扶贫，军队与贫困村结对帮扶，工会、共青团、妇联、残联等持续加大帮扶力度。开展民营企业'万企帮万村'精准扶贫行动，建设社会扶贫网，动员社会组织、公民个人积极参与"。社会组织在脱贫攻坚中的地位和作用得到国家的肯定和关注。

社会组织作为一种介于政府和市场之间的特殊组织，是我国社会主义现代化建设的重要力量，在打赢脱贫攻坚战中发挥了重要作用。在实施乡村振兴战略中，社会组织为乡村建设和发展注入了新的动力，也作出了巨大贡献。在脱贫攻坚时期，政府的主导发挥了重要的"压舱石"作用。然而，在乡村振兴中，激发乡村发展的内生动力是关键，传统政府主导乡村建设的模式具有一定的局限性，存在诸如人才匮乏、资金缺乏、主体单一、矛盾集中等一系列问题。社会组织具备非政府的、非营利的、自愿组成的特殊属性，在市场、政府无法解决的问题上能发挥重要作用。近年来，我国社会组织进入蓬勃发展的阶段，在助力脱贫攻坚中，发挥着创造性强、群众黏合度高的特性，逐渐成长为重要的社会力量，受到了政府和社会的广泛认可。在乡村振兴中，不仅"扶上马"，还要"送一程"，社会组织必然成为不可或缺的力量。

截至2021年2月，各级民政部门共登记社会组织超过90万个。社会组织已经进入国家乡村振兴局的视野，在接下来的乡村振兴工作中将发挥重要作用。应积极探索社会组织参与乡村振兴的路径，广泛动员社会组织参与，发挥其优势，为实现乡村振兴作出有力贡献。

一、社会组织的特点和优势

社会组织具有区别于政府、营利组织的显著特征，主要以提供社会服务为宗旨，具有非政府性、非营利性、志愿性、自治性等特征。从表现形式上看，社会组织主要包括以会员制形式组成的各类社会团体，如商会、基金会、团体、联合会、协会等，还包括以非会员制形式组成的民办社会养老、医疗、学校等福利机构、公益性服务实体等。在功能上，社会组织由于其天然属性特殊，在政府和市场无法发挥作用的领域中发挥重要的作用。

（一）弥补政府调节的局限性

政府在乡村振兴进程中统筹全局，扮演"总指挥"角色，也是乡村振兴战略最主要的实施者，但也要规避其全能运行倾向所形成的负面影响。首先，根据经济学理论，"政府自上而下主导、单方供给公共服务"的模式，易造成"免费搭车""供需不平衡"等市场失灵情况，从而引发社会公共服务出现总量不足、质量不高、结构失衡等问题，而这与信息不对称、监督机制不健全、致贫因素复杂等因素密切相关。同时，单一供给模式无法适应乡村振兴和农村治理多元化需要。其次，乡村政府由于其力量薄弱，难以满足村民日益增长的需求，这就势必要求更多的力量加入乡村振兴队伍，弥补其不足，从而更好地满足广大乡村群众的实际需求。

社会组织基于中立性和公益性，能够动员整合各种社会资源，缓解财政紧张和公权供给不足的压力，同时，吸纳社会精英和专业人员，提供乡村振兴需要和最稀缺的资源。它还减少了烦琐的中间环节，以多种形式直接为"三农"发展和乡村振兴提供具体或针对性支持和服务。一是通过行业协会和专业指导协会参与乡村振兴。建立乡村基层行业协会和专业指导协会，可以有效地普及乡村振兴专业知识，指导解决乡村发展中面临的问题，促进美丽乡村的建设。二是农民自发组成民间组织参与乡村振兴。民间组织也是社会组织的重要组成部分，农民自发建立维权组织、乡村经济合作组织以及乡村服务组织等，充分发挥农民群众的主体作用，重点支持乡村振兴中的社会组织与农民组织的合作。

（二）弥补市场机制的缺陷

在政府的有力引导下，市场成为我国资源配置的重要方式，而市场主体往往以追求个人利益最大化为根本目标，有时忽略了社会利益最大化的实现。市场主体的这一特点会导致经济发展相对落后、主体实力不强大、信用结构不健全、市场体系不完善、信息反馈不透明的广大乡村在吸引扶农资源时存在困难。乡村振兴需要的是"雪中送炭"，往往市场没有足够的"利他主义"动力来注入优质资源，这也是乡村发展滞后的根本原因之一。而社会组织是市场机制的有效补充，具备鲜明的"利他主义"，能更好吸纳、平衡、汇集、引导资源向乡村倾斜，能有效弥补市场失灵导致的乡村社会服务供给不足，不断满足乡村振兴在经济发展、社会服务等领域的多样化需求。

（三）具有独特价值和专业优势

党的十八大以来，我国各类社会组织发展迅速，已经成长为社会治理多元主体之一，在党的领导下，与政府、公民及各方良性互动，为社会提供了多种类型的公共服务，较好地解决了我国快速现代化过程中出现的诸多社会问题，在灾害救助、贫困救济、医疗支持、扶老助残、行业自治、对外交流等领域发挥了积极的作用。

社会组织具有弥补社会治理短板的结构优势。近些年，随着社会组织规模的快速增长，国家通过优先向社会组织购买扶贫攻坚相关服务项目、对参与精准扶贫社会组织施行减税免税政策、加大对社会组织的金融支持力度等一系列支持性制度安排，鼓励社会组织参与贫困治理，社会组织在贫困治理中的结构优势逐渐显现。乡村振兴背景下的相对贫困治理需要全面考虑社会生活和居民需求的方方面面，而社会组织因其结构相对简单、运作环节少，在公共产品和服务提供中更易从"特殊多元"切入，形成有效补充。

社会组织具有可持续专业服务的动力优势。在资源整合方面，社会组织具有高效整合资源的优势。在相对贫困治理中，社会组织构建起政府与市场、政府与社会组织、社会组织与企业、企业与企业的关系网，促进爱心人士与帮扶对象直接对接和持续帮扶。之所以能够做到这一点，就在于社会组织能够扎根于基层进行实地调查，并充分尊重相对贫困群众的主体性。自 2013 年国务院办公厅下发《关于政府向社会力量购买服务的指导意见》后，民族地区政府也在积极探索通过市场购买的方式，将一部分公共服务事项交由具备条件的专业化社会组织承担。政府的支持使社会组织可以更从容地针对"小而散"的"个性化"民生需求提供多样化的专业服务，帮助相对贫困群体树立脱贫致富信心、调试社会关系、提升自我发展意识。

二、社会组织参与乡村振兴的困境

社会组织已遍布并活跃在社会各个领域中，是新时代中国特色社会主义现代化建设的重要力量。主客观因素的制约，致使其在参与乡村振兴战略实施中面临困境，主要表现在以下三个方面。

（一）法律地位和保障依然缺位

2016 年，中共中央办公厅、国务院办公厅印发了《关于改革社会组织管理制度促进社会组织健康有序发展的意见》，提出登记审查机构、业务主管单位、行业管理部门和相关职能部门各司其职、协调配合，登记前审查与事中事后监管全过程衔接，形成行政监管与行业自律和社会监督相结合的有效机制。2018 年，民政部发布了《社会组织信用信息管理办法》，提出加强社会组织信用信息管理，推进社会组织信用体系建设，建立了全国社会组织信用信息公示平台，实时记录已登记社会组织基础数据和信用信息等内容。

这些法律制度在一定程度上解释了社会组织的合法性问题以及监管和运行机制。但在农村层面，对于明确社会组织在乡村管理上的具体定位，存在明显法律制度的滞后和缺位问题。一方面，由于相关法律法规对于乡村社会组织的形式定位较为模糊，乡村社会组织在广大农民群体中缺少公信力，导致执行力受阻、协调能力较弱等问题。另一方面，乡村社会组织在实施乡村管理、提供服务等过程中缺乏对工作效率、财务制度、准入标准、组织架构的监管和评价体系，导致参与乡村社会服务的社会组织"良莠不齐"，还使得其中表现良好的社会组织难以享受到政府的支持和优惠政策，被动造成"劣币驱除良币"，对社会组织支持乡村振兴产生了不利影响。我国社会组织的发展已经进入新时代，建议民政部配合司法部制定《社会组织登记管理条例》，改进社会组织登记、内部治理和行为准则等内容，促进社会组织健康有序发展。

（二）公信力及其能力有待加强

社会组织的公信力，既包括自身的信用水平，即获得政府、公众信任和支持的能力，也包括政府和公众的信任程度。由于缺乏独立的法律地位、自身运行不规范和监督机制不健全等，影响了社会组织的公信力。我国社会组织起步晚、发展进程慢，参与乡村建设的本土化经验实践有限，自身运行的经费不足、资源动员不够、管理运行不畅和监督制约机制不完善，都不同程度地影响了参与乡村振兴的广度和深度。新时代我国社会组织进入发展快车道，政府应当针对社会组织普遍存在的组织规模小、经费来源少、物力资源缺和人力资本匮乏等问题，积极给予政策、资金、人力、项目和管理等方面的引导和支持，助力和规范社会组织的发展，全面提升其公共服务供给和参与乡村振兴的能力。

（三）资金与专业人才相对短缺

乡村振兴战略的实施，从吸纳社会资源、补充公共服务到推动乡村治理，都离不开资金的保障与专业人员的指导。2021 年初，中共中央办公厅、国务院办公厅印发了《关于加快推进乡村人才振兴的意见》，提出坚持把乡村人力资本开发放在首要位置，大力培养本土人才，引导城市人才下乡，推动专业人才服务乡村，吸引各类人才在乡村振兴中建功立业，健全乡村人才工作体制机制，强化人才振兴保障措施。而培养人才本身就离不开人才的输入，当前众多社会组织存在专业人才不足、管理水平不高、筹资能力薄弱的瓶颈。同时，社会组织由于主体不明确，筹资能力、动员资源能力较弱。

1. 资金支持能力不足

资金是社会组织服务乡村振兴建设及后续发展的基本要素，但由于其形式特殊，不属于法人主体，吸纳资金存在一定障碍，对乡村的资金支持力度有限。一方面，中西部地区财政收入水平较低，维持基本公共支出已略显吃力，而我国现存的社会组织基数庞大，政府为社会组织拨付的经费占比较少，难以抵消组织的基本运作成本及投入。另一方面，许多经济欠发达地区的农村，仍处在贫困边缘线上，由于产业基础较弱、资金缺乏、人才不足等原因而缺乏积累财富的可持续内生动力，对于资金需求较大。社会组织的资金问题是其正常运行和支持乡村振兴发展的瓶颈问题，但目前社会组织的资金来源渠道单一，对社会捐赠过度依赖，使得在服务乡村振兴中不可避免地出现追逐利益最大化的倾向，导致其对乡村振兴的作用变质。

2. 专业人才储备不足

专业人才的缺乏是目前基层社会组织在深入发展中避不开的一大难题，如何强化人才振兴保障，培养造就一支懂农业、爱农村、爱农民的"三农"工作队伍，是目前社会组织的短板。当前社会基层组织大多由农民、无业人士等参与运营，专业水平较低、知识储备不足，远远无法满足乡村振兴的要求。建议加大对社会组织的培训力度，加强对乡村振兴政策的宣传解读，动员引导各社会组织加强人才培育，为乡村振兴提供智力支持。

第六章 乡村治理中的"头雁"使命担当

中国农村社会最前端的领导力量是农村基层党组织,它不仅承担着纷繁复杂的农村基层事务,还担当着巩固脱贫攻坚成果、实现乡村振兴的历史使命。当前部分农村地区结合自身情况因地制宜,探索创新出许多行之有效的乡村治理方式,并取得了良好的治理成效和实践经验。但仍有农村基层党组织简单应付了事、做样子、走形式,存在着建设"缺位""错位"的现象,使农村基层党组织的引领作用难以有效发挥,使得乡村治理工作难以有效开展。为了更好实现第二个百年奋斗目标,在乡村治理这一重要议题中,充分发挥农村基层党组织的引领作用是根本,因此在对当下乡村治理实践现状进行分析后,结合优秀实践经验和所面临的主要问题,从政治、组织、服务、文化四个方面的引领探讨提升路径。

第一节 夯实乡村振兴的政治根基

中国共产党把政治建设定位为根本性建设,确立了政治引领在党的新时代乡村治理中的重要地位。因此在全面实施乡村振兴战略中需进一步深化党的政治领导力,一方面注重理论学习实现自我完善和发展,坚定乡村党员干部的政治定力和政治立场;另一方面通过实践来取长补短、对标对表,不断优化,提升政治能力。学习是自我向内的系统重组,实践是纵深向外的提升检验,两者互为双翼,相辅相成,弥补部分农村基层党组织政治领导虚化,共同增强政治引领乡村治理水平。

一、努力坚定农村基层党员的政治信仰

坚定政治信仰是发挥政治引领力的基础。如果政治信念不坚定,不相信中国特色社会主义,就会失去政治目标和政治动力,就难以经

得起任何考验。政治信仰不是凭空产生的，而是要不断加强理论学习，以科学的方法论解决实际问题，农村基层党员坚定政治信仰需要不断加强理论修养，自觉做到"四个自信"，坚持"两个维护"。

信仰的坚定有赖于理论的清醒，因此基层党组织的每一位成员在任何时候任何情况下都必须在学习上下"真功夫"，确保在学习过程中做到真学，对所学内容实现真懂，达到真信。真学即党员干部认真学习原著和重要讲话，原原委委读经典、原汁原味学精神、细嚼慢咽悟原理，而不是蜻蜓点水，局限于读了一遍、看过一次、记住几句。学好只是基本要求，学懂才是学习的重要目标指向。因此在学习过程中力戒走马观花、急功近利，对于党章党规、国家领导人的重要系列讲话以及经典著作和重要会议精神，不能仅仅满足于翻翻书、做做笔记、背背要点这种停留表面的一知半解、泛泛而读，而是要用心用脑去深钻细研，准确把握其理论内涵和讲话核心。不仅要知其然，更要知其所以然，只有学懂弄通后，从内心深处接纳真理，使其内化于心性和理念的统一、外化为言行一致。只有经历了真学—真懂—真信三个阶段，学习才算下了"真功夫"。不论过去、现在还是未来，我们都应该自觉抵制任何形式对党地位的歪曲、党形象的破坏，要始终相信马克思主义理论的科学性，坚定中国特色社会主义自信，将学习作为前进之源，一以贯之坚持学习、重视学习，切实做到态度鲜明、行动自觉。

二、不断提高农村基层党员干部政治本领

提升农村基层党组织政治引领力的重点是提高党员干部政治本领。新时代党员干部是确保农村基层党组织肌体富含生机活力的细胞，抓紧提升党员干部的政治本领对增强农村基层党组织的战斗力，重点解决服务群众"最后一公里"问题尤为重要。不可否认的是，农村地区存在着部分党员干部庸懒、散慢的问题，对于工作怕招怨、怕担责、怕失面子，因此不积极作为。还有一些基层干部有想法、有干劲，愿意去做好每一份工作，但受知识结构状况以及自主学习能力的限制，缺乏新发展阶段下做好乡村工作的本领，习惯于用传统套路和方法来解决问题，这既不能顺利完成工作任务，还做得很费力、

第六章 乡村治理中的"头雁"使命担当

辛苦。

为使农村党员干部的政治本领更好地与职责岗位相匹配,科学有效地应对乡村治理过程中的各种困难挑战,实现党的历史使命。在当前形势下,需要努力搭建便利高效的学习平台,一方面充分利用大信息技术优势,成立网络教育站点,让党建时政、实用技术、农业政策等多领域的知识与网络实现对接,突破时空限制,农村党员干部可以自由安排时间,随时随地学习、查阅各类理论知识和实用技术,让学习更加高效便利,涉农信息的流通更为顺畅。与此同时要健全平台的运行制度,让平台的沟通交流、传递信息的功能能够在农村地区落实。成立以村党支部书记领导工作小组,从现任村两委干部中选拔一名拥有计算机相关知识的干部担任网络教育站点管理员,能够进行设备运行、设备维护等技术工作,建立播放收看、信息反馈、党员学习点名册等记录簿,认真做好党员干部每次学习的记录,做到制度上墙、落实到位。另一方面线下也要更好传递党的声音。各乡镇政府要组建"移动讲师团"和打造"青廉课堂",为党员干部集中学习搭建起良好载体,由乡镇党委统一制定宣讲主题和培训目录,深入各农村基层党组织巡回宣讲先进理念和特色做法等,也可以要求党员干部每月轮流当一次讲师,改"一人讲"为"大家说"。此外,有了好的学习平台与渠道,就需要进一步创新内容形式,让农村基层党员干部学思践悟。除了开展主题党日交流、屋场会、实践研学等日常的活动形式,还可以结合重要时间节点广泛开展"专题菜单学习"和"专家辅导学习",坚持学做结合,利用田间这一生动课堂以学促思、以思促行。

三、全面净化农村基层党组织的政治生态

干净的政治生态是党内政治生活的必需,也是严肃遵循政治纪律和政治规矩的体现,有利于党组织政治性、原则性的保持和战斗力、凝聚力的提高。净化政治生态是提升农村基层党组织政治引领力的支撑,首先是要抓好党员干部的政治思想淬炼,以思想自觉推动实践自觉。一是要定期开展理论学习活动,组织基层党员干部就新党章及系列党内法规和习近平治国理政读本等进行全方位学习和立体式专题研

究，使党员干部能够拥有扎实的理论知识，以清晰的政治判断力正确认识各类公共事件及现象，在政治生活中持续巩固政治执行力。二是持续加强"党员干部乡村振兴全员轮训计划"的有力有序开展，正确看待中国特色社会主义事业，树立健康的世界观、权力观，引领乡村党员干部检视剖析问题、查找差距不足、牢记初心使命，以自身实际行动推动政治生态建设。其次是主动深入群众心中，认真听取群众的建议和诉求，要把矛盾纠纷妥善协调化解在基层，明确"问题不出村"。最后是加强制度治党，着力强化权力约束，加强上下级监督、群众监督、巡察、舆论监督等各种监督机制的协调联动，把不正之风和腐败行为扼杀在摇篮里，用好"权力监督"利剑净化乡村政治生态，营造风清气正的乡村环境。

第二节 巩固乡村治理的组织基础

组织引领的前提是农村基层党组织应具备强大的组织能力，提升组织力也是新时代基层党组织建设的新要求。农村基层党组织对乡村的组织引领主要体现在对农村地区人民群众的号召、组织、团结以及联合各种资源要素，基层党组织凭借政治优势和先进品格把群众的思想智慧凝聚在一处、社会各界的力量团结成一股，保持一致行动，从而形成强大的合力。提升党的组织力，高效与有序必不可少，它体现了基层党组织推进乡村事务治理的科学化、规范化，也是基层党组织引领乡村治理长效化的内在要求。

一、构建高效活动网络，提升组织影响力

基层党建为实现引领乡村治理活动效果最大化，一般是以特定形式或借助某种载体来进行展开的，主要是以严密的党组织体系以及借助信息网络技术推动党的工作有效覆盖乡村社会的各个方面和各类群体。一是突出严密的组织体系。首先是要让农村基层党组织树立对党组织影响力和工作全面覆盖重要性的准确认识，平衡党委与政府工作，致力于乡村的建设和发展；其次是坚持民主集中制，特别是重大事项须经民主决策和党委决议，及时了解各方诉求和发展实际，认真

召开沟心通气会,避免出现矛盾和误会;最后是要时刻关注"三农"领域出现的新变化,以此创新工作方式积极应对新变化所带来的各种挑战,减少党组织出现工作盲区的机会。二是推动农村发展与信息网络深度融合。针对当前农村基层党组织的动员组织能力尚未满足村民的多元需求,需构建更为专业、精细、智能的活动网络平台用于基层党建引领乡村治理。针对已有的党群活动中心,加快推进与其他组织的党建联动,实现网格化建党;未有党群活动中心的农村地区要充分考虑村民的实际需求、基础设施功能配备、位置覆盖范围等要素抓紧建设,发挥主阵地作用。除此之外,基层党组织善于利用"智慧党建"实现党的声音、党的影响力与人民群众进行线对线、面对面有机连接,形成组织动员领域、群体的全覆盖。

二、优化制度机能设计,建强组织执行力

制度治党是中国共产党长期执政的逻辑归属,更是新时代农村基层党组织建设的根本抓手。健全完整的制度设计能够让基层党组织的各项活动在合理有序的架构中运行,最大限度地体现组织执行力,确保乡村社会的和谐稳定。一是加强乡镇党委会—村级两委会的上下贯通、左右联动,联结农村社区自治组织,带动乡村社会朝着组织化发展。与此同时村党组织应当把组织生活放在重要位置,除了常规的集体理论学习、志愿服务活动,创新拓展"两学一做"制度、"三会一课"制度等的内容主题、菜单设计以及实践频次。二是完善党员干部发展管理机制。党组织是否具有执行力与人员配置的能力水平直接相关,通过理论学习、定期培训、实地参观等多种途径引导坚定党员干部的理想信念、提高角色责任感和使命感;抓实党员队伍建设,要加强与周边村先进示范基层党组织的工作交流,学习别人身上的长处,随时与返乡创业人员、大学生村官、志愿者等青年群体保持联络沟通,以便及时发现优秀青年人才并列入到重点培养名单,进一步壮大农村基层党员干部队伍。三是构建科学考核机制。建议实现多主体考核形式,即上级党组织年终考核、多部门专门考核,加强不定期考核次数;做好同级互评工作,发挥群众的考核主体作用,群众代表通过民意调查、满意度测评等环节参与到考评中,必要时还可以让第三方

介入，使考核结果更加客观。全方位量化考核奖惩机制和容错纠错机制各项指标，将个人奖惩、职位升迁应与考核结果直接挂钩，既让党员干部的工作能力水平得到充分体现，又让其正当合理的利益得以保障，在严格把握标准界限的同时，给予党员干部一定的空间去纠正改善。

第三节　满足农民群众多元化需求

服务引领是乡村治理的重要路径，要坚持服务为先，引领为重。农村党组织离群众最近，农村党员与群众关系最为密切，聚焦于"服务型党组织"的定位，与时俱进更新服务理念，不断整合服务资源、拓宽服务领域，构建以互联网大数据为支撑的服务平台，有力有效提高服务质量。

一、创新服务理念

我国正处于实现中华民族伟大复兴的关键期，这一时期的突出特征是经济社会转型、利益格局不断调整、社会价值理念正发生深刻变化，而随着城镇化的不断推进，处在身份转变、需求转换的广大农民群众对于公共服务和美好乡村的期待显现出多层次、多样化、差异化的特点。新形势的变化要求农村基层党组织和党员必须明确树立牢固的服务意识，与时俱进更新服务理念，以服务为导向完成角色转变，这既是坚持科学治理理念的客观需要，也是在强化服务中村党组织领导核心作用的体现。第一，从思想上要认识到传统领导和管理就是服务的治理理念已经过时，在服务过程切忌使用以往行政指令式管理模式，应该转变为温和、亲切、热情的柔性化治理模式，要将以服务为主的理念贯穿于乡村治理全过程。第二，树立服务质量效益至上的理念。农村基层党组织要把积极为人民群众服务、为乡村建设服务作为重要责任，只要是人民群众的合理要求，就应该主动帮助解决，只要是人民群众的矛盾和问题，就应该及时地化解，而不是被动等待，更不是扯皮推诿。第三，坚持群众满意是第一标准的理念，为群众解难题、谋实事，把人民群众作为最高的评价主体，只有服务获得群众的支持和认可，乡村治理才具有实质性的绩效。在为群众提供服务的过程中不断完善工作机制，要让人民群众在服务的各个环节都能感受到用心。

二、拓宽服务领域

农村要想发展，党建工作是常态。党组织一般是根据行政区划和居住地来进行设置，突出基层党组织功能。要为农村党员和群众提供更多更好的服务，增强人民群众的认可度、赢得支持，我们需改变过去传统的设置方式，优化组织设置，做到哪儿有党员哪儿就有党的组织。一是坚持发展集体经济，走现代农业产业化路子。经济的高质量发展能够为服务领域的拓展奠定坚实的物质基础，为人民群众谋得更多的福利，只有实实在在让人民增收致富，才能激发乡村社会活力。除了注重集体经济项目的发展，还应从自身造血功能上下功夫，从根本上提升服务质量。二是完善服务事项，强化民主监督。各村在征求村民的意见之后，应将本村的服务事项的具体要求、注意事项、预期成效及时公布在告知栏，让村民能够知晓所在村的工作进程和切实感受到服务，也使得服务内容更透明、服务过程更清晰，强化党员群众对党支部的监督。三是扎实推进村级活动场所建设，为服务内容提供阵地。最大限度地利用好现有的行政资源，广泛筹措项目资金和社会捐助，有组织有规模地建设村级办公活动场所。除按照大党建格局"一厅一办五室三校"要求布局外，还应建有图书阅览室、心理咨询室、爱心捐赠室、文体活动室、消防室、社区警务室等，以便满足全村不同群众的多层次、多方位的服务需要。

三、组建服务队伍

农村基层组织要想通过自身的服务来实现对乡村治理的引领，关键在于要有一支高水平的服务型党员干部队伍，服务效率要跟上群众多样需求，治理能力要跟上乡村发展变化，以期促进农村社会各项事业发展，推进乡村治理现代化的实现。结合乡村社会渐趋"空心化"的特点，农村地区的人才数量较少，因此服务队伍的组建坚持"内部提升、外部吸纳"的工作方向。一方面针对服务队伍里现有的党员，注重加强制度建设，建立健全党员轮训制度、党员教育管理制度，对照制度标准规范基层党组织和党员的服务行为，让履职尽责、服务群众成为每名党员的自觉行动；针对党员干部的考核一定要落实，对表现优秀者，适当给予奖励，在选拔任用、评优评先应优先考虑，对考核不合格者，要及时纠正、批评教育，塑造真抓实干、狠抓落实的良好风气。另一方面，积极从其他群体中吸纳优秀人才，创新选人用人机制，将能力强、作风正的优秀青年、妇女、退伍军人、返乡农民工纳入发展党员队伍里的重点范围，基层领导班子可以按照相关规定吸纳致富党员能手，优化党员队伍结构的同时保证增强领导班子整体功能。结合农村经济发展实际制定科学的人才引进激励措施和人才保障办法，做到量才使用，给予各类人才更大的自我能力施展空间，带动服务队伍的其他人进步，提升整体服务水平。

四、改进服务方式

实现乡村治理现代化，需要农村基层党组织秉持与时俱进的治理理念，在提供服务时应注意乡村发展目标、群众需求内容是否发生变化，所采取的方式是否落后于时代发展步伐。实现乡村服务和治理精细化精准化，需要契合当今时代信息化、智能化特点，探索生动有效的服务方式。其一是充分运用互联网技术创新治理手段，拓展乡村党组织的宣传阵地和服务覆盖面。最大程度上利用以微信公众号、抖音、微博等为载体的移动互联网空间，及时向村民传递各项信息，促进党群关系更加紧密，增进两者之间的信赖，同时也向外界社会宣传地方特色，营造良好的社会舆论氛围，吸引更多企业入驻乡村、更多人才来到乡村、更多游客欣赏乡村。借助本土微广播方便快捷的优势，开设"书记讲党课""村里事务大家聊"等固定节目，让党的声音传得更开、更广、更深入；邀请村里的乡贤、教师、党员、村民等更多的志愿者走进广播室、当播音员，参与和监督党务和村务等工作，走出乡村治理的本土化路径。其二是农村党组织应抓住当代科技要素，将科技与农产品相联结。利用云计算和大数据分析，将分散的农业产能和农产品需求汇聚起来，解决中国农产品长期以来时空分散带来的供需不匹配问题，统筹资金投资、人才、技术等农村经济发展资源，盘活农村产品，培育休闲农业、田园旅游、乡村电商等新业态，打造特色产业链。

第四节 激发主流价值思想的精神动力

多年来，农村思想政治教育工作受农村地区长期存在的迷信观念、陈规陋俗的影响，难以顺利推进，加之农村地区人民群众的文化水平相对较低，更是给农村思想政治教育工作的开展增加了难度。党建引领乡村治理是有利于党在农村地区树立正确的意识形态，并且发挥出道德文化的教化作用。乡村社会没有思想文化，乡村治理就没有了内涵和灵魂，农村基层党组织要实现对乡村治理的全面引领，就必须深入挖掘优秀传统文化，推动乡村文化与时俱进的转化，释放乡村思想文化价值，守住乡村的"根"与"魂"。乡土文化发轫于广大农民在传统乡村社会的长期实践和交往互动，蕴含着丰富的道德规范与价值理念，是村民彼此之间的情感归属和心灵联系。农村社会的良性运转离不开乡村文化与乡土情感的共生共建，而现阶段的乡村治理更离不开乡风文化的软性支持、乡约德治价值的存在，它能够打造积极健康的思想文化阵地，帮助农民树立发展信心、提振干事精神，从而更好、更主动地参与到乡村治理工作中。

一、充分挖掘各类乡村人文资源

回溯既往，乡村社会中的生产生活、历史文化、地理景观、传统民俗、思想观念等部分共同组成了丰富多彩的中国乡村文化，它们凝结着农民的实践成就和精神智慧，构筑了丰厚且珍贵的中华文明。在推动乡村治理的过程中，基层党组织要深入挖掘乡土文化中有利于乡风文明建设的基因，以优秀人文资源养分唤醒村民的集体认同、涵养，增强村民对于乡村振兴建设成果的认同感、荣誉感和归属感，引导村民树立投身于乡村治理的意识自觉与行动自觉。一是加大对现存历史建筑、珍贵文物、传统村落等乡村物质文化的整修和保护，保留好乡村原始真实风貌，使这些得天独厚的文化因子在乡村建设及振兴中充分活跃起来，因地制宜打造乡村旅游项目，将文化资源活化为经济产业。二是集中精力系统梳理本区域人文资源的特点，从中寻找出独具特色和竞争力的创意点，以此创意点为中心，规划产业格局以及建设相关配套设施，打造出具有不可复制性的文化产品，让乡村文化看得见。三是要努力挖掘各地区不同的民俗活动、民间民族表演艺术，保持不同乡村在文化方面的个性特征，如华蓥市的"滑杆抬幺妹"民俗活动，依托于4A景区华蓥山旅游资源，每年固定在华蓥山举办"幺妹节"活动，让"滑杆抬幺妹"从最开始的体力竞技活动转变为现在集歌唱、表演、娱乐为一体的文化活动，现已成为华蓥市文化旅游的名片。同时还需加强对民族服饰、手工技艺等非物质文化的传承，通过举办展览或者打造可视化符号，让人民群众能够切实体验到传统工艺品，进而塑造和而不同、富有活力的乡村文化生态。

二、创新转化乡村优秀传统文化

在充分挖掘出乡村各类优秀人文资源的基础上，促进乡村优秀文化资源的创造性转化、创新性发展，乡村才能呈现出蓬勃生机。首先，基层党组织要善于借助城乡融合快速发展的趋势，通过抓典型、树楷模的方式，强化村民的市场规则意识和现代文明理念，助力公平有序市场环境的创建，打破交流障碍及融合阻断，让乡村优秀传统文化与城市现代文化能够双向流动。在村民经济意识以及文化市场不够成熟时，农村基层党组织应先暂时承担市场的主体责任，合理设置文化市场准入门槛，避免让腐朽文化、落后文化流入市场中。其次，敏于利用新媒体优势，结合社会主义先进文化的引领，加强对朴实、善良、勤恳等优秀品质的宣传教育，让淳朴的民风能够传播到社会生活的各个环节，将其内化为心，外化于形。借助自媒体平台转变乡村文旅营销方式，突破村域地理限制，可与其他乡村以及市级著名景点联合造势，打响乡村文旅品牌，还可根据节日、时令举办主题活动，充分挖掘乡村文化活力。最后，基层党组织要努力构建起"党建+文化产业"的格局，依托当地文化特色发展壮大乡村文化产业，把提供有机农产品、旅游服务等生态产品以及乡土味道、田园乡愁等精神产品，共同作为乡村产业经济发展的文化内容；通过基层党组织强有力的引导，积极探索市场运营、社会捐助等多种途径，加大优质文化产品供给。

三、加强新时代公民道德建设

农村基层党组织承担着为农村地区提供思想道德建设的职责，致力于提升村民的思想道德修养和养成良好的文明行为。进入新时代，公民道德建设有着明确的内容指向，即主要包括社会公德、职业道德、家庭美德、个人品德，从不同的领域对新时代公民的道德素质提出了新要求。将"四德"建设嵌入新时代乡村治理中，这是提升整体国民素质的需要，也是推动农村精神文明建设实现新发展的要求，每个农村基层党组织都应该坚持以为人民服务为核心、以集体主义为原则在乡村地区开展道德建设工作。具体体现在：其一是推动乡村社会公德建设。中国传统乡村社会是以松散而狭隘的"熟人道德"来调节人与人、人与社会的关系，在相当一段历史时期在维系公共秩序、保持社会稳定方面起到重要作用，但随着社会风气逐渐和谐和社会环境的长期稳定，乡村社会急需构建更具公平正义的道德体系。为此农村基层组织应围绕保护环境、文明礼貌、爱护公物等具体内容，按照法定流程制定村规民约，培养村民公共责任意识，使之成为广大群众普遍认可、自觉遵守的指导规范。其二是重视村民职业道德建设。社会主义市场经济的发展让乡村社会的大门愈加开放的同时，也为村民提供更多种类的职业选择，以传统的农业生产观念看待有其特定道德要求的职业是不符合职业分类规则的，为此农村基层党组织需加强"商业道德"建设，开设职业培训课程，让人民群众系统了解新型职业的道德价值追求。其三是要注重家庭美德建设。家庭是农民生活的中心，在祖祖辈辈的生产生活中会形成具有一定符号的家教、家风，并影响着每一个家庭成员。农村基层党组织应该加大立家训、树家风活动力度，让优秀的家训家风滋润每一个家庭。其四是加强村民个人品德建设。爱国奉献是个人品德的最高要求，农村基层党组织要建立健全对先进人物和英雄模范的关爱关怀机制，要积极开展各类文明先进评比和表彰活动，重点褒扬"好公婆""好媳妇"等道德模范群体，广泛宣传榜样事迹，鼓励村民争做榜样，不断提升自身品德修养。

第五节 乡村治理中"头雁"责任与担当

一代一代共产党人,从前人手中接过鲜艳的红色旗帜,继续扎根农村,完成属于时代的使命。中国共产党在"三农"领域取得的成绩有目共睹,建设了美丽富饶的新农村。沧桑巨变,是一代又一代人的接力和传承,是红色基因的延续和流淌。

"雁飞千里靠头雁""火车快不快,全靠车头带",乡村振兴是时代使命,也是机遇和担当。拥抱农村这方热土,投身乡村振兴实践,广大党员干部,特别是直接服务于乡村经济社会发展的乡镇干部,一直思想走在前、行动走在前,为乡村振兴贡献了坚实的力量。

他们敢于担当、主动作为,用实干苦干,带领老百姓致富奔小康;他们为了修好道路东奔西走,为了群众增收殚精竭虑,为了村庄好的环境早出晚归,为了村庄和谐发展想尽办法;他们奔波在乡村这片广袤的土地,用坚实的脚印,把乡村振兴的理想呈现在祖国的大地上;他们怀揣"以国家之务为己任"的志向,激扬"以身许国,何事不可为"的担当,到党和人民最需要的地方去发光发热,书写出无愧时代、无愧历史的人生答卷……他们懂农业、爱农村、爱农民,他们为乡村振兴探路,他们以实际行动展现了新时代党员的责任与担当。

2020年是脱贫攻坚的收官之年,也是脱贫攻坚与乡村振兴衔接的重要节点。

乡村振兴战略的进一步实施,是机遇,也是新的挑战。如何顺应时代脚步,转变经济发展方式,实现绿色发展与长远发展,兼顾生态宜居和乡风文明,是一个崭新的课题。

站在新的起点,重新思考乡村如何振兴、党员如何作为,有其特殊意义。

一、乡村治理中"头雁"的角色担当

(一)方针政策的执行者

村干部是由当地政府部门指派,是政府公职干部或有政府编制的

公职人员下驻到基层,指导村"两委"落实各项工作,反映村民的各种问题,发布传达上级有关政策精神。由此可知,村干部是党和政府各项方针政策在基层落地落实的具体执行者,是党和政府联系村民的桥梁和纽带,其日常工作内容之一就是将纸面上的方针政策转化为实践活动,以确保党和政府政策主张的实现。

(二)乡村稳定的维护者

村干部代表的是基层政府,他们在与村民、村"两委"的互动中,往往会因其乡镇干部的身份而占据话语权。同时,村干部在分配乡村发展所需资源方面具有一定的主观能动性。因此,当村民与村民之间、村民与村委之间、村与村之间因各种原因产生纠纷时村干部能有效发挥"安全阀""润滑剂"的作用,及时将纠纷止于萌芽状态,防范事态的恶化升级,从而确保乡村秩序维护、稳定发展的高效性与精准性。

(三)村民诉求的反馈者

由于村干部对村民的具体情况都很了解,村民对村干部也较为熟悉,村干部自然成为村民反映自身诉求的重要渠道。特别是对一些乡镇分管领导来说,他们在反馈涉及自身分管领域的民众诉求时能更全面,也能提出更为精准的应对措施,从而确保村民诉求反馈渠道的畅通和问题的妥善解决。

二、乡村治理中"头雁"的角色调适路径

(一)政策层面

1. 开展调查研究,制定符合实际的政策

在乡村治理中,因为政策问题导致村干部角色扮演失调的现象时有发生。认真开展调查研究,问计于民,实事求是地制定各项政策,能从根本上减少乃至杜绝此类问题的发生。因此,要坚决杜绝办公室里"拍脑袋做决策"的错误做法。同时,要注重调查研究的方式方法,包括调查对象的选择、调查形式的选取、调查结果的运用。此外,要运用好大数据技术,将定性研究与定量研究结合起来,优势互

补，为政策的制定提供考量依据。

2. 加强部门沟通，规避相互矛盾困境

乡村治理中涉及的问题往往不是一个部门可以彻底解决好的，需要多个部门联合处理解决，而各部门政策的不配套是当前基层普遍存在的问题。加强部门沟通，并针对问题制定配套政策，不仅可以高效解决问题，而且是基层治理体系和治理能力现代化的重要体现。首先，要搭建好沟通平台，以制度性要求倒逼部门沟通的常态化。其次，要针对专项问题开展部门会商，及时解决部门间存在的政策分歧，确保问题顺畅解决。最后，对以往政策不配套问题进行梳理总结，对可预见性问题事先进行部门间的沟通协商，化被动应付为主动解决，尽最大可能减少角色距离和角色冲突的发生。

(二) 乡村层面

1. 建立激励措施，充分发挥村民自我治理的力量

在现代乡村治理中，农民（村民）是主体力量。但近年来，农民群体往往处于"被代表"的地位，在乡村治理中是"失语"的，但最终他们又是乡村无效治理的"埋单者"。为此，需要建立激励措施，充分发挥村民自治的力量，让村干部从烦琐细碎的村级事务中解绑，实现"好钢用在刀刃上"。激励措施可以分为物质激励和精神激励。鉴于乡村治理实际，精神激励措施的完善比物质激励更为重要，也更易于实施。需要注意的是，制订精神激励措施要充分考虑当地文化传统。

2. 强化平安建设，培养高素养的现代民众

平安建设是新形势下推进乡村治理体系和治理能力现代化的重要手段。一方面要通过强化平安建设，提升村民的幸福感、安全感、获得感，为村干部日常工作开展创造群众基础；另一方面要通过各种形式的法治宣传教育，提升村民法治素养，让他们养成遇事讲法、用法的习惯，降低乡村村民间矛盾、干群矛盾发生率和信访率，让村干部各项工作开展更容易，角色扮演更轻松。

(三) 干部自身层面

1. 做好心理疏导，树牢为民服务的理念

思想理念是世界观、价值观的集中体现，思想理念直接决定着我们的言行举止。基层工作任务量大，事情烦琐细碎，其中村工作更是涉及一村村民生老病死各个方面。如果没有从主观上树牢为民服务的理念，村干部遇到事情必然会产生畏难情绪，角色扮演失调在所难免。第一，村干部要做好心理疏导，从主观上调整自己的心态。村干部要明确自身工作的最终目的是为人民服务，而为人民服务就体现在每一件与村民切身利益相关的具体事情中。因此，为民服务的工作无主次之分，关键要恪尽职守、尽力而为。第二，正确看待村工作，不能简单地认为村工作是本职工作之外的"附加题"。村工作的开展，不仅有利于村干部个人积累群众工作经验，而且可为各项方针政策的贯彻落实打牢群众基础，有利于收集民情民意，有利于"下情上达"，对促进乡村治理、维护乡村稳定发展意义深远。

2. 多渠道学习，增强群众工作能力

面对经济社会快速发展的现实需求，村干部要树立终身学习的目标，要善于通过多渠道学习，不断增强群众工作能力，以通过恰当的"印象管理"确保角色扮演的成功。第一，各地应通过专项业务培训和"老带新"传帮带等方式，帮助村干部特别是年轻的村干部快速成长，学习群众工作方法，实现人岗匹配。第二，村干部要学会运用网络资源，不断从先进、成功案例中学习群众工作方法，积累群众工作经验。第三，村干部要学会总结工作方法，对日常工作中出现的问题、取得的成绩及时进行"复盘"，总结归纳为自身群众工作的知识储备。第四，上级有关部门可以不定期举行村工作经验交流会，为村干部搭建学习平台。村干部通过相互交流分享，共同探讨如何更好地推进村工作。

第七章 乡村创业致富农产品品牌创建与保护

经济兴邦，品牌兴国。市场竞争日趋激烈，越来越多的企业开始认识到品牌是竞争制胜的法宝，品牌是推动企业价值发展的重要动力。中国是农业大国，与其他行业相比，农业品牌经营较落后。实践证明，优质农产品比一般农产品具有更高的售价和更大的销量。随着市场化程度的提高，农产品市场的竞争日益激烈。因此，我国农业需要解决的问题是如何提高农产品的市场竞争力，农产品的市场竞争归根结底是产品质量的竞争。品牌是农产品质量和特色的重要标志，是联系商品和消费者的媒介，由于同类农产品在外观上难以区分，消费者认知和购买的主要依据就是品牌。因此，未来农产品市场必然是品牌产品的天下。

近年来，农业农村部积极推进无公害农产品、绿色食品、有机农产品和农产品地理标志（以下简称"三品一标"）工作，将其作为推动农业现代化建设、农业转型升级、农产品质量安全监管的重要抓手，实践表明，"三品一标"工作的推进，有利于推动农牧业由数量型向质量型转变，形成一批有影响的农业品牌。

第一节 农产品品牌价值的创建

一、品牌理论

品牌（Brand）一词的英文本义是"烙印"，是自然经济时代放牧主给自己的牲畜打上的财产归属标记。公元前13世纪，欧洲、中国与印度的手工艺者把自己的名字刻在作品上，以此识别自己的产品，便于监督产品质量。现代品牌是资本主义制度确立之后出现的。随着商品贸易的增长，人们需要一种能普遍用来辨认商品的标记，在商品的自然名称之外起个名字——品牌由此流行。

（1）品牌性质。品牌不仅具有功能性价值，同时具有情感性价值。品牌的发展是因为品牌具有一组能满足顾客理性和情感需要的价值。品牌的创建要超越差异性和功能主义，应该注重开发一种个性价值。品牌是一种错综复杂的象征，它是品牌的属性、名称、包装、价格、历史、声誉、广告风格的无形组合。

（2）品牌价值。消费者选择某种品牌产品的实质是选择该种品牌产品所提供的价值。影响消费者选择产品的五种消费价值包括功能性价值、条件性价值、社会性价值、情感性价值和知识性价值。

（3）品牌管理。随着消费观念的变化，品牌建设经历了五个发展阶段。第一阶段是由制造商与销售者主导市场的阶段，不需要提供有吸引力的包装或者品牌；第二阶段是产品物质差异营销的阶段，制造商面对更多竞争对手开始营销工作；第三阶段是传统的品牌营销阶段，由动机研究和情感性广告支持；第四阶段是用偶像来驱动的品牌营销阶段，用偶像来宣传品牌能创造良好的品牌联想，以此来增加产品的价值；第五阶段是消费者成熟阶段，消费者成熟起来，他们以产品知识与政治信仰为武装，对品牌的评价有了新的分析框架。

二、品牌价值的现实意义

（1）形成差异化。品牌的一个显著特征是具有鲜明的个性特色，塑造强势品牌，更加突出个性特色。国内农业企业只有塑造具有自身特色的品牌形象，形成企业自身在产品性能及价格、营销体系、售后服务、企业文化等方面的特色，形成企业的品牌差异，在客户群中提高自身品牌的忠诚度，从而提高进入壁垒，形成竞争优势。

（2）壮大实力。我国农业企业组织的弱点是规模太小。因此品牌战略的实施更有利于扩大规模，因为品牌战略具有资本积累性的特征。首先，由于品牌具有无形资产的特性，随着品牌经营战略的实施，无形资产规模不断积累。其次，如果品牌优势能够形成或开创名牌，则会促进以优势品牌为龙头的资本运营、促进并购或组建名牌集团，有利于资本集中和资产总额的扩大。

（3）提高与供应商和经销商的谈判实力。品牌战略促使强势品牌企业在产业链上占据优势,提高与上下游企业的谈判实力。当企业具有品牌优势时,上下游企业也愿意与其结成长久的商业联盟,使企业的发展更加稳固。另外,它可以提高知名品牌企业的市场份额和盈利能力。

(4) 吸引外资。外商在我国投资或合作办厂,进入我国市场时必然首先要找行业的龙头企业合作,以迅速占领市场。而品牌战略的实施有助于国内农业企业形成龙头企业,从而有利于吸引国外知名企业与之合作。

三、农产品品牌创建

(一) 品牌命名

(1) 品牌命名的意义。品牌名称是品牌的代表,是品牌的灵魂,是消费者产生品牌联想和形成品牌忠诚的目标载体。好的品牌名称能够使消费者很快记住,有利于其再次购买,从而形成品牌忠诚。对于新顾客来说,好的品牌名称能够反映产品的特点,方便购买,还可以引起消费者的美好联想,或产生强烈的冲击力,刺激消费者的购买欲望。一个有文化意蕴、好记好看的品牌名称,体现了生产者的文化素质和精神面貌,实现了消费者与生产者之间的情感交流。

(2) 品牌命名原则。给品牌起一个好的名字应遵循以下原则。

①品牌名称应简洁醒目,朗朗上口,具有冲击力。调查表明,越简化的名称,消费者的认知度越高。因此品牌名称首先应简洁,不宜过长,并且发音响亮不拗口,在视觉和听觉上对消费者产生强烈的冲击力。

②新颖不俗,富有文化意蕴。品牌名称是一个品牌的直接代表,品牌名称要新颖,易于与其他品牌区别。同时品牌名称应别具匠心,使消费者记忆深刻。如"可口可乐"别致而又响亮,很容易被中国消费者接受。品牌名称富有文化意蕴,既形成了独特的品牌个性,也能体现企业的精神面貌,还能赢得消费者的好感。例如"同仁堂"蕴含"同修仁德"之意,"海尔"蕴含"海尔是海""海之胸怀"之意。品牌名称还应该赋予吉祥如意的意思,如"金利来""金六福"等。

③符合产品特性,引导消费。很多品牌名称能够反映产品特性,如"海飞丝""康师傅""脑白金"等。有的品牌名称反映了品牌定位,如"娃哈哈""老干妈"。

④具有国际性,易于广泛传播。由于各国文化差异,在国内很好的名称,可能与其他国家和地区的文化不相适应。产品要想进入国际市场,就要入乡随俗,适合当地的消费者习惯。"可口可乐""麦当劳"这些外国品牌都采取了符合中国文化特点的译名,因此也被中国消费者接受。

(二)品牌形象设计

品牌视觉形象设计是将企业理念、文化物质、服务内容、企业规范等抽象语意,以视觉传播来感染媒体,转化为具体的符号概念,塑造品牌独特形象,突现品牌的个性。品牌视觉形象的基本要素主要包括标志、标准字、标准色、标志包装、企业造型等。其中,标志、标准字、标准色三要素是整个系统的核心,构成了企业的第一特征及基本气质。

(1)品牌形象设计原则。

①目标性原则。品牌视觉形象是传达企业宗旨、企业使命、企业战略方向、企业价值观、企业精神等企业精神文化的重要载体,而脱离了企业理念、企业精神的符号,只能称作普通的商标。

②普适性原则。品牌形象应具有清晰的可读性及辨识性,具有相关产品能顺利推广的适应性符号,语言具有国际性。

③"3E"原则。"3E"原则指符合工程学、经济学、美学的开发与作业要求。设计应具有科学性,符合人性化的设计要求,在经济上应满足品牌管理的效率与成本需求,在视觉效果上应满足审美的标准。

(2)品牌形象基本要素。

①标志。标志是品牌企业精神内涵的形象表达。标志一般讲究造型,具有突出的识别效果,为增强消费者认同,在各种媒体上广泛传播。企业标志设计应首先确定主题,然后才能展开造型要素、表现形式与图形构成的设计。标志的构成要素一般有字体标志、图形标志和

组合标志。

②标准字。标准字是指经过设计的专门用以表现企业名称或品牌的字体。标准字在视觉效果上应具有易辨识性，造型上具有艺术性，并且要体现品牌的宗旨和理念。标准字是根据企业或品牌的个性而设计的，与普通字体相比更美观，更具特色。

③标准色。标准色一般是一种或多种色彩的组合，常与企业标志、标准字等配合使用，是品牌视觉形象的要素，被广泛应用于企业广告、包装、建筑、服饰及其他公共关系用品中。

④标志包装。包装是指以一种或多种物质材料将另一种物质或产品包装起来的形式。它可以保护产品、减少损耗、防止污染，包装后的产品便于储存、运输。包装不单单具有保护商品、方便顾客、美化商品这些功能，同时还是传播文化及商品信息的有力媒介。

包装体现了品牌形象，包装物上一般标有醒目的品牌标志、标准字，并以品牌标准色为主色调，这也体现了品牌视觉形象的统一性。包装不再单指产品的外部包装，它还表现为一种商品文化，体现的是产品所在地一种特有的地域文化。此外，包装能够提高品牌身价与知名度，增加销售额，也给消费者带来方便。因此，包装的作用具体体现在有利于顾客自我服务，有利于企业树立品牌形象、提高品牌竞争力、创造品牌新文化等方面。

由于农产品具有自然属性，一般易腐烂变质，不利于长期存储，外形娇嫩不规则，不利于长途运输。因此，农产品包装是一个难题。我国农产品在包装技术和外观形象上都存在很大的短板，不仅导致品牌形象不能吸引人，也由于难以保存和运输制约了农产品的销售范围。

(三) 农产品品牌传播手段

常见的品牌传播工具有广告、销售促进、直接营销等。

(1) 广告。广告是传统的主流的传播工具，特别是大众传播媒介广告具有发布准确、有规律、内容可以控制且相对成本低等优点。广告一方面能用于建立一个品牌的长期形象，另一方面能促进快速销售。广告的主要作用在于，一是建立品牌知名度，二是促进消费者了解品牌特点及进行质量承诺,三是刺激消费者购买欲望,四是为方便消费者购买进行说明。

当今市场广告竞争异常激烈,在铺天盖地的广告中,只有富有创意的广告才能吸引消费者。一个好的创意,往往能为品牌迅速扩展知名度,从而获得巨大的经济效益。如"益达"的广告,"这是你的益达"成为广为流传的广告词,为其市场拓展创造了条件。

农产品作为快速消费品,特别是日用消费品,其消费群体为平民大众,他们大多为感性与冲动性购买,应选择大众性的媒介为主渠道,并根据品牌本身的规模和销售区域来确定电视媒体与互联网媒体。

(2)销售促进。销售促进,是指生产厂家或零售商使用各种短期性的手段,刺激消费者较迅速、较大量地购买某一特定产品或服务的行为,有时简称促销。销售促进目的在于改变消费者的行为,使他们尝试购买本品牌,买更多本品牌的产品,或者更早、更频繁地购买本品牌的产品。这种方式在农产品的品牌推广中应用广泛。通常采取某些让步、诱导或赠送的办法给消费者以某些好处,如折价、兑奖、回赠等。

(3)直接营销。常见的直接营销形式有面对面推销、直接邮寄营销、电话推销、传真销售、电子邮件销售、电视直销、网络直销等。直接营销具有以下特征:一是非公众性,信息一般发送至特定的人,而不给予其他人;二是交互性,信息内容可根据个人的反应而改变;三是及时性,直接将产品或信息传达给客户。

第二节　农产品的商标战略

完善品牌的建设之所以如此重要,是因为品牌的背后是一个体系的支撑,它代表着先进的生产力,承载着一个公司的实力和信誉,它连接着创新和市场,是创新发展的重要驱动力。而与品牌联系最为紧密的就是商标,商标与品牌密不可分,商标作为品牌的外在体现,是消费者识别品牌的一张名片,现如今商标已经突破了人们传统观念里的区别功能,成了品牌的基础,具有开拓市场、遏制竞争对手、占领市场等多重商业价值。尤其是驰名商标已经构成了品牌的核心，驰名商标的多少和影响力的大小，代表了一个品牌的实力，也代表了一个国家的经济发展水平，驰名商标运营能力已成为商标品牌运营能力的重要体现。将驰名商标与品牌紧密结合，是新形势下对国家知识产权战略的深化，也是实行商标品牌战略的关键。

一、商标的含义

商标（trademark）是指能够将不同的经营者所提供的商品或者服务区别开来的显著标记。《中华人民共和国商标法》第八条规定，任何能够将自然人、法人或者其他组织的商品与他人的商品区别开的标志，包括文字、图形、字母、数字、三维标志、颜色组合和声音等，以及上述要素的组合，均可以作为商标申请注册。商标具有以下特征。

（1）区分商品或者服务来源。许多生产者、经营者生产或销售相同产品，消费者根据商标识别商品，因此商标之间的区别应当是显著的，商品或者服务项目的通用名称当然不能用作商标，直接描述产品或者服务的标记符号也不适宜作为商标。

（2）以工商业活动为基础。商标与一定的经营对象密不可分，构成商标的文字、图形等必须从商业角度出发，考虑产品的特点及消费者心理等。不管设计如何新颖，构思如何巧妙，不以识别商品或服务为目的就不是商标。

二、商标的保护要件

（一）显著性

商标基本的作用是区别商品来源，保护商标的出发点和目的在于防止混淆，因此，一个标志是否可以作为商标受到保护，其核心要件在于是否具有显著特征便于识别。商标的显著性包括了指示来源显著性和区别显著性两个方面，二者密切相关，相辅相成。一个标志不能将特定的产品指向特定的经营者，该标志就不可能起到区别不同来源之商品的作用。反之亦然，一个标志不能将不同经营者提供的商品区分开来，它就不能将特定的商品指向特定的经营者。

显著性是商标的核心要件，缺乏显著性的标志不能作为商标注册。《中华人民共和国商标法》第九条规定："申请注册的商标，应当有显著特征，便于识别，并不得与他人在先取得的合法权利相冲突。"什么是显著性，如何判断商标是否具有显著性，这在各国商标法中均没有明文规定。因为这种判定带有一定主观色彩，无法通过一个肯定的表述来确定。但商标显著性是客观的，它取决于商标的构成、商标与商品或服务的关系、商标的使用情况。实务中，判断一个商标是否有显著性往往需结合各种因素进行综合考虑，一般包括以下几点。

（1）使用的商品或服务。商标与商品的联系越密切，商标的显著性越弱；反之，商标的显著性越强。例如，"薄脆"使用在饼干上就缺乏显著性，而将其用于其他商品上，就可能是一个具有显著特征的商标。

（2）商标的实际使用。以市场为背景，考察商标使用的时间，广告宣传的力度，商品的销售范围、时间以及市场占有率。这一判断要素和驰名商标的认定相类似，都是由商标功能决定的。商标是用来证明商品来源的，因此总是和商业活动相联系。凡经过市场使用，被消费者认知，就意味着该商标产生了区别能力。即使在设计上缺乏固有显著性，也可以因为实际使用而获得显著性。

（3）整体认定原则。将商标构成要素作为一个有机整体加以观察。整体形象上给人留下牢固印象，便于识别的，即具有显著特征。组成要素中虽无显著性成分，但与其他成分组合在一起，整体上能够产生识别作用的，也被视为具有显著特征。

（二）不得注册为商标的标志

我国《商标法》第十条至第十二条规定，商标标识中凡含有下列要素的，不得注册为商标。

（1）官方标志、徽记。①同中华人民共和国的国家名称、国旗、国徽、国歌、军旗、军徽、军歌、勋章等相同或者近似的，以及同中央国家机关的名称、标志、所在地特定地点的名称或者标志性建筑物的名称、图形相同的；②同外国的国家名称、国旗、国徽、军旗等相同或者近似的，但经该国政府同意的除外；③同政府间国际组织的名称、旗帜、徽记等相同或者近似的，但经该组织同意或者不易误导公众的除外；④与表明实施控制、予以保证的官方标志、检验印记相同或者近似的，但经授权的除外；⑤同"红十字""红新月"的名称、标志相同或者近似的。

（2）通用名称。通用名称是表示某一商品或服务的种类或者型号的通常名称或者约定俗成的称谓。通用名称是一类商品的统称，没有使人识别出商品来源的作用。通用名称一般不适宜作为商标注册和使用。《中华人民共和国商标法》第十一条规定，仅有本商品的通用名称、图形、型号的不得作为商标注册。所列标志经过使用取得显著特征，并便于识别的，可以作为商标注册。通用名称有两种情况：一种是本来就是商品的名称、称谓。例如，酒类商品的通用名称是"酒"，按品种区分为白酒、啤酒、黄酒、果酒、红酒等，这些产品的通用名词就不能用作酒类商品的商标；另一种是原本具有显著特征的标志，但在使用中变成了普通名称，为同一行业所共同使用，这样的词汇也不宜再作为商标。

（3）描述性标志。描述性标志是指由直接表示商品属性或特点的词语构成的标志，如表示商品主要原料的"鸭绒""纯棉"，表示产品功能的"热得快""保暖"等字样以及表明产品的用途、重量、数量及其他特点的词语。《中华人民共和国商标法》第十一条规定，仅直接表示商品的质量、主要原料、功能、用途、重量、数量及其他特点的标志不得作为商标注册。如实准确地提供商品信息是经营者对消费者应尽的义务。《中华人民共和国产品质量法》第二十七条规定，根据产品的特点和使用要求，需要标明产品规格、等级、所含主要成分的名称和含量的，用中文相应予以标明；需要事先让消费者知晓的，应当在外包装上标明，或者预先向消费者提供有关资料。从企业经营者自身利益出发，通过商标向消费者传达商品或服务信息是企业选用商标时的必然倾向。商标与商品之间有着若即若离、或明或暗的关系，从化妆品上的"美加净"，药品上的"咳必停"到餐饮业的"小肥羊"，试图描述产品用途、特点的商标比比皆是。这其中，采用间接的、暗示的手法对产品进行描述的文字、图形，属于暗示性标志，通常被认为具有获得注册商标的最低限度显著性。直截了当地说明产品的主要原料、功能或某一方面的特性的，就属于描述性标志，无法满足最低限度显著性的要求，原则上不允许作为商标注册。暗示性标志和描述性标志之间的区别在于是否"直接"反映了产品的特性，这需要在个案中进行审查判定。

（4）地名。地名不得作为商标。《中华人民共和国商标法》第十条规定："县级以上行政区划的地名或者公众知晓的外国地名，不得作为商标。"以地名指示某一商品，无从识别商品的生产经营者。地名商标存在两个问题：一是产品或服务确实来自地名所指的地方，允许该地名作商标，就意味着该地方的其他企业不能在产品或服务上使用这一地名。这无异于授予一个企业不合理的垄断权。二是如果产品或服务并非来自地名所指的地方，该地名商标就会带有欺骗性。但是，地名主要是将地理标志作为集体商标，证明商标则与其集体属性相吻合，因而，集体商标、证明商标含有地名是允许的。

（5）功能性三维标志。《中华人民共和国商标法》第十二条规定："以三维标志申请注册商标的，仅由商品自身的性质产生的形状、为获得技术效果而需有的商品形状或者使商品具有实质性价值的形状，不得注册。"该条规定所排除注册的标志即功能性三维标志。举例来说，一个轮胎的制造者不能以其圆圈形状作为商标，却可以用一个不规则形状的毂盖作为商标。一把牛排刀的制造者不能以锯齿形刀刃作为商标，但可以用一种嵌入刀柄的阿拉伯式复杂纹饰作为商标。排除功能性三维标志的商标注册，是为了避免由于商标保护而妨碍合法的自由竞争。试想，所有的商品都有外形结构，许多商品还需要包装、容器，这些立体的外观设计有的是商品用途或质量所必需，如果允许某个人利用商标注册进行独占，岂不妨碍了同业者对商品的制造和销售，还有的产品的外观设计属于可申请专利的对象，专利权一到期，受保护的对象将进入公有领域，人人都有权使用。同时，随着技术的发展，最开始属于商品的特定形状可能发展成通用形状，如果允许注册商标获得无期限的保护，就会冲击专利制度的实施，并会妨碍市场竞争所需的适度模仿。因此，三维标志既可获得商标注册又要进行必要限制，这种限制就是功能性三维标志禁止注册。

(三) 商标法上关于不能取得注册的情形

（1）不得违反公序良俗。商标附着于商品，又借助广告宣传使公众普遍知晓，必然兼有传播信息、引导时尚和推广风气的社会功能，因此必须符合公共秩序和社会道德风尚。《中华人民共和国商标法》第十条规定：带有民族歧视性的；带有欺骗性，容易使公众对商品的质量等特点或者产地产生误认的；有害于社会主义道德风尚或者有其他不良影响的不得作为商标使用。将有悖于社会道德和具有不良影响的标志作为绝对禁止条件。据此，带有民族歧视性的、夸大宣传并带有欺骗性的、有害于社会主义道德风尚或者有其他不良影响的文字或者图形，不得作为商标使用。20世纪90年代初期，原国家工商行政管理总局曾发出通知，要求各地查处带有"DARKIE"商标的进口商品，因为"DARKIE"一词源于"DARLIE"，而"DARLIE"意为黑鬼，是对黑人的蔑称、种族歧视性语言。

判断一个标志是否有害于社会道德风尚或者有其他不良影响，应采用客观标准，即根据社会的通常看法或者一般公众的道德观念来判断，而商标使用人设计或选择标志时的主观愿望不作为判断标准。例如某企业申请注册"乡巴佬"商标，被商标局以该商标有贬低人的含义，具有不良影响为理由驳回。申请人认为，"乡巴佬"出自农民自谦之词，是对农民的善意称颂，没有贬低人的含义，不会产生不良影响。复审中商标评审委员会认为：商标一旦进入市场，将面对广大消费者，而消费者并不了解"乡巴佬"一词是申请人的心愿。客观上，"乡巴佬"是对农民的鄙称，反映出对农民群众的不尊重，用其作商标易产生不良影响。商标评审委员会作出终局决定，驳回"乡巴佬"的注册申请。

（2）不得与在先合法权利相冲突。在先权利，是指在申请商标注册之前他人已有的合法权利，在先权利包括但不限于下列权利：商标权、著作权、地理标志权、商号权、外观设计专利权、姓名权、肖像权。这些权利客体的共同性在于——均为文字、图形、图案、数字或组合的形象化标志。例如，利用已有的绘画、图案作为商标，创作者享有的著作权即为在先权利。在先商标是最容易与在后商标发生冲突的一种在先权利,先注册商标和后注册商标的冲突也称为商标混同。

《中华人民共和国商标法》第九条规定:"申请注册的商标,应当有显著特征,便于识别,并不得与他人在先取得的合法权利相冲突。商标注册人有权标明'注册商标'或者注册标记。"

三、商标权的保护

(一)混淆与商标保护

商标是用来区别商品来源的标志,防止混淆是商标保护的基本出发点。为了使商标能够有效而可靠地指示商品来源,必须排除第三人使用相同或近似标志。如果容忍市场上出现可能造成混淆的冒牌商品,还不如没有商标,那样的话,消费者可以将注意力集中在商品本身,而在似是而非、以假乱真的情况下,认牌购物却往往上当受骗。正是为了避免混淆,在商标权取得过程中,与注册商标相同或者近似的标志不给予注册。在商标权的保护上,则强调专有性,商标权人以外的其他人在相同或者近似的商品上使用相同或者近似商标足以造成混淆的,即构成侵犯商标专用权。

(二)混淆的认定

对混淆的认定是司法和行政执法实践中经常遇到的问题。各国都是在实践经验的基础上总结出认定混淆的规则或标准。我国市场监督管理部门和人民法院在各自工作范围内对如何认定混淆总结了以下一般原则。

(1)主观标准。以相关公众的一般注意力为标准。相关公众是指与商标所标识的某类商品或者服务有关的消费者和经营者。

(2)客观标准。商标是否会引起混淆,取决于商标的相似程度和商品的类似程度。使用相同商标推定必然产生混淆,使用近似商标是否构成混淆,要结合各种因素加以考察,包括但不限于商标之间的近似程度,商品的等级、价格、知名程度等,上述因素应当给予综合考虑。

是否足以产生混淆,与商标自身的显著性和知名度有关。商标越是显著,混淆的可能性越大。换句话说,显著性强的商标受保护范围较宽；显著性弱的商标，尤其是由普通词汇或通用名词构成的描述性商标，他人的商标即使与其相近似也难以认定为混淆。商标的影响力也很重要，商标越是著名，被混淆的可能性越大。当然，商标混淆是一个事实问题，每一次认定都在个案中进行。

（三）淡化与商标保护

将驰名商标用于非类似商品、无竞争关系的商品或者服务上，虽与混淆无关，但这种使用却可能减损驰名商标的影响力。淡化行为是典型的现代式商标侵权，其主要表现形式有两种：冲淡和玷污。

冲淡指无权使用人将相同或近似商标使用在与驰名商标商品不相同或不类似的商品上，从而使该驰名商标与其商品之间的特定联系弱化。冲淡行为使驰名商标与其商品之间的特定联系逐渐弱化，甚至消失，侵蚀了驰名商标特有的吸引力和广告价值。冲淡的例子如将"劳斯莱斯"用于自行车、口红，将"索尼"用于糕点、巧克力等。

玷污是指一个商标被用于某些服务或商品上或用于某种环境下，有可能使该商标的良好信誉被贬低、毁损。例如，将一个儿童玩具上的著名商标使用在带有色情内容的网站上；将世界著名的香水商标"香奈儿"用于厕所清洗剂或杀虫剂。这种使用行为所产生的结果可能使人对驰名商标产生不舒服、厌恶的感情，从而污染了该商标的形象。

四、商标侵权行为

《中华人民共和国商标法》第五十七条规定：有下列行为之一的，均属侵犯注册商标专用权：（一）未经商标注册人的许可，在同一种商品上使用与其注册商标相同的商标的；（二）未经商标注册人的许可，在同一种商品上使用与其注册商标近似的商标，或者在类似商品上使用与其注册商标相同或者近似的商标，容易导致混淆的；（三）销售侵犯注册商标专用权的商品的；（四）伪造、擅自制造他人注册商标标识或者销售伪造、擅自制造的注册商标标识的；（五）未经商标注册人同意，更换其注册商标并将该更换商标的商品又投入市场的；（六）故意为侵犯他人商标专用权行为提供便利条件，帮助他人实施侵犯商标专用权行为的；（七）给他人的注册商标专用权造成其他损害的。据此，商标侵权行为主要有以下几种情形。

（一）使用侵权

（1）在同一种商品上使用与其注册商标相同的商标的。
（2）在同一种商品上使用与其注册商标近似的商标的。
（3）在类似商品上使用与其注册商标相同的商标的。
（4）在类似商品上使用与其注册商标近似的商标的。

四种行为的第一种行为与被使用商标的注册内容完全相同，因而构成假冒注册商标行为，是一种最为严重的商标侵权行为。其余几种都对注册商标专用权有所规避，但仍然落入禁止权所排斥的范围而构成侵犯商标权的行为。

使用侵权行为直接侵犯了商标权人的禁止权，是一种最典型的侵权行为，也是后面各环节侵权行为的源头。侵权使用和注册商标所有人对商标的使用方式和范围一致，包括将商标直接用于商品或服务项目上，以及在各种商业环境中使用商标。凡是对商标权人来说构成商标使用的方式，都可构成这里的侵权使用。

（二）销售侵权

销售侵权是销售侵犯注册商标专用权的商品。这种侵权行为的主体一般为商品经销商。商标侵权行为人的全部目的在于牟取经济利益，侵权产品只有通过销售渠道售出后，这一目的才能实现，因而必然有销售者的参与。

需要注意的是商标侵权行为的构成与侵权行为法律责任之间的关系。依《中华人民共和国商标法》第六十四条规定："销售不知道是侵犯注册商标专用权的商品，能证明该商品是自己合法取得并说明提供者的，不承担赔偿责任。"这就是说，非法销售行为的构成，并不以销售者在主观上是否存在"明知"或"应知"的过错为前提，只要行为人实际上销售了侵犯商标权的商品，即构成侵犯商标权的行为，应当停止继续销售。但构成侵权行为的并不一定都要负赔偿责任，承担损害赔偿责任的条件是行为人的主观过错，对于商品销售者来说，只有在明知或应知销售的商品是侵犯注册商标专用权的商品时,才须承担赔偿损失的责任。如何认定销售者"明知"或"应知"而销售侵权产品,采用过错推定的方式,即由行为人通过证明该商品是自己合法取得的并说明主观上不存在过错,如果不能证明的,即推定有过错。

对行为人具有以下情况之一的,均认定销售商主观上为"明知"或"应知":(1)更换、调换经销商品上的商标而被当场查获的;(2)因同一违法事实受到处罚后重犯的;(3)事先已被警告而不改正的;(4)有意采取不正当进货渠道,且价格大大低于已知正品的;(5)在发票、账目等会计凭证上弄虚作假的;(6)专业公司大规模经销假冒注册商标商品或者商标侵权商品的;(7)案发后转移、销毁物证,提供虚假证明、虚假情况的。

(三)标识侵权

这种侵权行为是指伪造、擅自制造他人注册商标标识或者销售伪造、擅自制造的他人注册商标标识。行为人一般为从事商标印刷的企业和个体工商户,其实施的行为专为制假售假提供条件。具体包括三种情况:①未经商标权人授权和委托而制造其商标标识;②虽有商标权人的授权或委托,但超出授权或委托的范围,制造其注册商标标识;③销售他人注册商标标识。

按照我国《商标印制管理办法》的规定,商标印制单位必须依法登记。印制单位在承揽商标印制业务时,应当查验商标印制委托人提供的有关证明文件,印制的商标图标应与有关证书上的商标标识一致。严格禁止买卖商标标识。印制过程中的废次商标标识必须销毁。因此,擅自制造或销售注册商标标识的,不论哪一种形式,都违反法律规定,侵犯注册商标专用权。

(四)更换商标

更换商标,即未经商标注册人同意,将其注册商标撤下后换上自己或第三人的商标,并将该更换商标的商品又投入市场的行为。在侵犯商标权的行为中,前三种均属复制他人注册商标并用于产品、服务或广告中,试图将自己的产品说成是他人的产品。更换商标与上述行为的方向相反,在商品流通过程中,未经权利人同意撤下原商标换上自己或他人的商标,也就是将他人的产品说成是自己的产品。这种行为又称为"反向假冒""产品替代"。多年前发生在北京的"枫叶"诉"鳄鱼"就是一起典型的反向假冒纠纷案。"鳄鱼"服装的经销商将其购进的北京服装厂制作的"枫叶"牌服装,撕去"枫叶"商标标识,更换上"鳄鱼"商标,再行加价出售。北京服装厂因此起诉了"鳄鱼"服装经销商。乍看起来,商标反向假冒直接针对的是产品而非商标,认定为侵犯商标权的行为似有牵强之嫌。但若全面分析商标之功能、商标权之内容,就可以看到这种行为对商标权的侵害。

(五)其他侵权行为

其他侵权行为,是指在上述侵权行为之外可能给注册商标造成损害的行为。主要有以下几种。

(1)为商标侵权行为提供便利条件的。故意为侵犯他人注册商标专用权行为提供仓储、运输、邮寄、隐匿等便利条件的,构成侵犯商标专用权的行为。随着市场经济的发展,制假售假活动也实现了专业化,形成一条龙的产、供、销网络。其中,仓储、运输、邮寄、隐匿等就是整个侵权行为过程不可缺少的环节,从事这些分工协作的行为人虽然不是直接侵权商品的经营者,但其行为为制假售假提供了便利条件,造成了侵害商标权人权利的后果,必须追究其共同侵权人的法律责任。

(2)将商标作为其他商业标志使用的。在同一种或类似的商品上,将商标作为非商标标识使用,并足以造成误认的,这种侵权行为与典型的商标侵权行为方式不同,是从商标使用变为商标外商业标志使用,其目的是利用他人注册商标的声誉进行不正当竞争。此种行为所导致的危害后果既可能是混淆误认,也可能是商标淡化,如将他人注册商标作为商品名称或装潢使用,可能会导致消费者对商品的来源或行为人与注册商标所有人之间的关系得出错误认识,此即混淆的后果。此外,此种行为可能会使商标与商品之间的关系变弱,最终演变为商品通用名称,此即商标淡化的后果。从立法宗旨看,对此种行为加以禁止可起到保护驰名商标或有一定影响的商标的效果。

第三节　农产品地理标志战略

中华大地幅员辽阔，资源丰富，气候多样，历史悠久，物华天宝，名物特产数不胜数。这些地理标志产品构成了中华民族经济精品。地理标志作用日渐突出，商业价值越加重大，一个地理标志产品可以使一方农民走向富裕。如山东栖霞市天誉果品有限公司获得"烟台苹果"地理标志后，出口国由原来 7 个增加到 14 个，销量同比增加 200 多万公斤（1 公斤 = 1 千克）。

湖南省地理标志商标达 122 件，拥有浏阳花炮、麻阳柑橘、古丈毛尖、安化黑茶、石门银峰、永兴冰糖橙 6 件驰名商标。其中，"浏阳花炮"品牌价值在第二届中国文化品牌价值排行榜上，以 1 028 亿元位居全国第七；醴陵陶瓷发展到 650 多家企业，产品销往全球 150 多个国家和地区。

一、地理标志的概念

《中华人民共和国商标法》第十六条明确规定，地理标志是指标示某商品来源于某地区，该商品的特定质量、信誉或者其他特征，主要由该地区的自然因素或者人文因素所决定的。《地理标志产品保护规定》第二条规定，地理标志产品是指产自特定地域，所具有的质量、声誉或其他特性本质上取决于该产地的自然因素和人文因素，经审核批准以地理名称进行命名的产品。地理标志产品包括：①来自本地区的种植、养殖产品。②原材料全部来自本地区或部分来自其他地区，并在本地区按照特定工艺生产和加工的产品。

具体来说，地理标志具有以下基本特征。

（1）地理标志是一种指示性标记，标示着特定的地域、地区或者地点。如"中国丝绸""西湖龙井""浏阳花炮""烟台苹果"，指示的地理名称要具有真实性。

（2）地理标志的价值在于它与商品特定的质量、信誉或者其他特征相关联。一旦某类产品使用一定的地理标志，就可能带来巨大的经济效益。如"浏阳花炮"市场由国内扩大到东南亚、欧洲市场。

(3) 地理标志依附于特定地理区域的自然因素或者人文因素。不具有特定自然因素或人文因素，如无特殊情况，不得使用相同的地理标志。如"从江瑶浴"是当地瑶族群众经过数百年的实践积累而保存至今的传统医药知识，特殊的地理环境使瑶族聚居区域具有生物多样性特征，地道中药材蕴藏丰富，采集数十味中草药配制的沐浴药方，可以达到防病治病和保健的效果，构成了当地独特的瑶族沐浴文化。

二、地理标志权的概念及特征

地理标志权是一种无形财产权，其客体具有财产内容，任何人不得擅自使用。这种权利只能为特定地域范围内的若干经营者共同享有，不能为某一单独的个体所独占。

其基本特征主要如下。

(1) 主体是在某一特定地域范围内的经营者。《中华人民共和国商标法》第十条规定，县级以上行政区划的地名或者公众知晓的外国地名，不得作为商标。但是，地名具有其他含义或者作为集体商标、证明商标组成部分的除外。这表明，个人不能将地理标志独自注册，地理标志权是一种集体性的共有权利。产地内的所有企业和个人只要其产品符合真实、稳定的传统条件，具有一定的质量和特点，都可以使用该地理标志。例如，"龙口"是长期使用在粉丝商品上的带有产地名称性的称谓，不宜由某一企业作商标注册专用，而只要是"龙口"地区内的所有符合该粉丝产品特质的企业和个人，都可以使用该地理标志。

(2) 内容包括使用权和禁止权，不包括转让权。

(3) 不具有时间性。该项权利无保护期限的限制，是一项永久的财产权。

三、目前地理标志保护制度

中国目前存在两套地理标志保护制度，具体如下。

(1) 根据《中华人民共和国农业法》《中华人民共和国农产品质量安全法》《农产品地理标志管理办法》，由中华人民共和国农业农村部批准登记的农产品地理标志。

(2)根据《中华人民共和国商标法》《中华人民共和国商标法实施条例》《集体商标、证明商标注册和管理办法》,由国家知识产权局批准作为集体商标、证明商标注册的地理标志。详见表7-1。

表7-1 两部门地理标志保护之间的主要区别

保护部门	农业农村部	国家知识产权局
产品性质	初级农产品	各种商品
保护目的	保证地理标志农产品品质和特色,提升农产品的竞争力	证明产品具有某种品质、特征及地理来源
审核形式	形式审核和技术审核	形式审核
标志样式	农产品地理标志专用标志	证明商标专用标志
监管主体	县以上政府农业主管部门	集体商标、证明商标注册人
能否转让	不能	能
保护期限	自注册或公告之日起,只要符合保护的条件,一直有效	注册之日起即受保护,保护期满(10年)后需要续展

下面讲述由中华人民共和国农业农村部批准登记的农产品地理标志。近年来,世界各国日益重视农产品地理标志的保护,发展本国的特色农业,保持和增强本国农产品在国际市场上的竞争优势,农产品地理标志在解决"三农"等问题上越来越显露出它的地位和重要性,是促进农村发展的绿色动力。带有农产品地理标志商标的农产品直接为农民带来更高的经济效益,引领农业产业结构调整,保护民俗,带动旅游业同步发展,促进农村经济和文化进步,有利于农业的可持续发展。

(一)农产品地理标志的概念

根据《农产品地理标志管理办法》第二条的规定,农产品地理标志是指标示农产品来源于特定地域,产品品质和相关特征主要取决于自然生态环境和历史人文因素,并以地域名称冠名的特有农产品标志。农产品是指来源于农业的初级产品,即在农业活动中获得的植物、动物、微生物及其产品。

第七章　乡村创业致富农产品品牌创建与保护

（二）农产品地理标志的申请

国家对农产品地理标志实行登记制度。经登记的农产品地理标志受法律保护。农业农村部负责全国农产品地理标志的登记工作，农业农村部农产品质量安全中心负责农产品地理标志登记的审查和专家评审工作。省级人民政府农业行政主管部门负责本行政区域内农产品地理标志登记申请的受理和初审工作。农业农村部设立的农产品地理标志登记专家评审委员会负责评审。农产品地理标志登记专家评审委员会由种植业、畜牧业、渔业和农产品质量安全等方面的专家组成。

根据《农产品地理标志管理办法》第七、第八、第九条的规定，申请地理标志登记的农产品，应当符合下列条件：（一）称谓由地理区域名称和农产品通用名称构成；（二）产品有独特的品质特性或者特定的生产方式；（三）产品品质和特色主要取决于独特的自然生态环境和人文历史因素；（四）产品有限定的生产区域范围；（五）产地环境、产品质量符合国家强制性技术规范要求。农产品地理标志登记申请人为县级以上地方人民政府根据下列条件择优确定的农民专业合作经济组织、行业协会等组织。（一）具有监督和管理农产品地理标志及其产品的能力；（二）具有为地理标志农产品生产、加工、营销提供指导服务的能力；（三）具有独立承担民事责任的能力。符合农产品地理标志登记条件的申请人，可以向省级人民政府农业行政主管部门提出登记申请，并提交下列申请材料：（一）登记申请书；（二）产品典型特征特性描述和相应产品品质鉴定报告；（三）产地环境条件、生产技术规范和产品质量安全技术规范；（四）地域范围确定性文件和生产地域分布图；（五）产品实物样品或者样品图片；（六）其他必要的说明性或者证明性材料。

（三）农产品地理标志的审核

农业农村部农产品质量安全中心负责农产品地理标志登记的审查和专家评审工作。农业农村部农产品质量安全中心应当自收到申请材料和初审意见之日起20个工作日内，对申请材料进行审查，提出审查意见，并组织专家评审。

专家评审工作由农产品地理标志登记专家评审委员会承担。农产品地理标志登记专家评审委员会应当独立作出评审结论，并对评审结论负责。

(四) 农产品地理标志的使用

符合下列条件的单位和个人，可以向登记证书持有人申请使用农产品地理标志：(一) 生产经营的农产品产自登记确定的地域范围；(二) 已取得登记农产品相关的生产经营资质；(三) 能够严格按照规定的质量技术规范组织开展生产经营活动；(四) 具有地理标志农产品市场开发经营能力。农产品地理标志登记证书持有人不得向农产品地理标志使用人收取使用费。

农产品地理标志使用人享有以下权利：(一) 可以在产品及其包装上使用农产品地理标志；(二) 可以使用登记的农产品地理标志进行宣传和参加展览、展示及展销。

农产品地理标志使用人应当履行以下义务：(一) 自觉接受登记证书持有人的监督检查；(二) 保证地理标志农产品的品质和信誉；(三) 正确规范地使用农产品地理标志。

第八章 乡村振兴战略的"头雁"作用

第一节 引领乡村振兴战略

农村想要发展得又快又好,与有一位认真负责的乡村干部,也就是"头雁"的引领密切相关。

一、加强学习,将理论与实践结合

随着国家对农村建设的不断重视,已经通过"选调生""定向师范"等政策向农村输送了大量人才。但仅仅拥有课本中的知识是远远不够的,如果不针对当下国家政策和村情来引导农村建设,会闹出"本本主义"的笑话,"实践出真知"是我党在近百年执政过程中总结出的硬道理。作好乡村干部工作,不但要学好书本中的知识,更要尽快适应在乡镇工作的角色转变,不断学习当前中央关于省、州、县、村"三农"方面的政策和规定,加强自身对驻村工作的认识,积极地向村中有经验、有威望的"能人"学习,还要不断参与各级部门组织的农业发展学习交流和培训会议,从中摸索出一套适合于自身特点的乡村工作之道。

二、了解民意,以满足民众福祉为先

入村之后,要勤于调研,熟悉村情,深入田间地头、深入农户、深入群众展开调研工作,不能做高高在上的指挥家,要同民众打成一片。具体表现可以为,带头示范落实国家政策,进入农户家中了解家庭情况,下田间与农民一块劳作以拉近距离,实实在在地解决村中困难户的生活困难等。村民的文化水平普遍较低,因不了解而不支持政策的事情常有发生,甚至与村干部发生冲突,此时就要深入到人民群众之中,通过"掏心窝子"访谈等形式拉近与民众之间的距离,了解

民意，体恤民情，时刻以民众的福祉为先，将民众的诉求记在心上。此外，还要针对农村工作实际情况进行认真梳理、归纳和总结，形成有针对性的记录报告，以备不时之需。

三、创新农业，谋求农村发展之道

如果说走入民众，调研村情是将心与村民联系在一起，那么创新农业，运用知识谋求新时代农村发展则是带领村民通向更幸福生活的道路。作为乡村干部，不仅要维持村落的正常运转，协调村内部、村之间的和谐关系，更要善于思考，结合村情，选好产业带领乡亲们发家致富。因为世间一切都是建立在良好的物质基础之上，只有人民富起来，不愁吃穿，才有资格谈其他的建设。驻村书记作为受过高等教育的人才，有着一般村民不具备的视野，将村之所长发挥到极致是致富关键。一个优秀的驻村书记具备敏锐的定位能力，他会在适合养牲畜的村落大力发展养殖业，在适合种植庄稼的地方培养特色庄稼，在风景独美的地方大兴乡村旅游。此外，还要善于利用国家扶持政策加强所在村庄创新发展，同时利用好网络传播渠道做好宣传工作，才能让村庄在较短时间内富起来、美起来。

四、狠抓党建，打造扎实能干的村干部队伍

作为乡村干部，除了自身需要具备良好的素养，还需要注意培养一支能够具有吃苦在前、扎实为民服务的优秀村干部队伍。这个队伍应当来自群众、熟悉群众，并乐于奉献于农村管理工作。要建立这样的团队需要加强村党建阵地建设，发挥好党员模范示范作用，并定期组织村干部培训，不断提升村干部基层治理能力。

第二节 助力乡村振兴的内在逻辑与优化路径

一、工作职责

一是建立健全基层党组织，着力解决村"两委"队伍不齐、领导班子软弱无力、村党支部制度体系不健全、管理混乱等问题。防范应

对宗族宗教、黑恶势力的干扰渗透，物色培养村后备干部；严格落实"三会一课"，严肃党组织生活；推动落实村级组织工作经费和服务群众专项经费、村干部报酬和基本养老医疗保险，建设和完善村级组织活动场所、服务设施等，努力把村党组织建设成为坚强的战斗堡垒。

二是推动乡村振兴，通过科学有效的程序准确识别贫困村、贫困户，逐村逐户建档立卡，为精准施策奠定基础。重点是大力宣传党的扶贫开发和强农惠农富农政策，深入推动政策落实；带领派驻村开展贫困户识别和建档立卡工作，帮助村"两委"制定和实施脱贫计划；组织落实扶贫项目，参与整合涉农资金，积极引导社会资金，促进贫困村、贫困户脱贫致富；帮助选准发展路子，培育农民合作社，增加村集体收入，增强"造血"功能。

三是提高为民办事水平，畅通联系服务群众的"最后一公里"。强力推进电子商务、金融服务、便民超市进村工作，方便群众生产生活；经常入户走访，听取意见建议，努力办实事；关心关爱贫困户、五保户、残疾人、农村空巢老人和留守儿童，帮助解决生产生活中的实际困难。

四是健全以党组织为核心的法治、德治、自治相结合的现代乡村治理体系，保持乡村社会平稳安定。重点是推动完善村党组织领导的充满活力的村民自治机制，落实"四议两公开"，督促村（居）务监督委员会发挥作用，促进村级事务公开、公平、公正，努力解决优亲厚友、暗箱操作、损害群众利益等问题；帮助村干部提高依法办事能力，指导完善村规民约，弘扬文明新风，促进农村和谐稳定。

二、重要功能

（一）加强基层组织建设，实现组织振兴发展

从中央规定来看，"第一书记"驻村的主要作用之一是要以党建为抓手来打开入驻农村的开局工作，首先是配齐完善村"两委"领导班子，宣传党的思想路线、贯彻党的教育方针、落实党的惠农政策以及具体实施党的基本工作任务，解决目前农村存在的"软、散、乱、穷"、工作不在正常状态等突出问题，贯彻实施中央扫黑除恶行动，

促进农村改革发展稳定，培养锻炼农村的优秀干部，严格贯彻落实"三会一课"，强化党组织生活，把村级党组织建成坚强的战斗堡垒；推动落实村级组织专项经费、村干部工资和基本医疗养老保险，建立完善农村组织活动场所、农村人居服务设施等，同时加强和完善农村基层党组织建设，抓党建就是要突出党的领导地位和核心价值，强基固本，实实在在地发挥党的领导作用，以党建促发展，通过振兴党建引领农村振兴。

(二) 推动乡村振兴，实现农民富裕

中央向贫困村派驻"第一书记"，另一个重要的作用是实行推动农村乡村振兴的重要举措，宣传并推动贯彻落实中央强农惠农富农和扶贫开发政策，引领农村开展实施贫困户识别精准脱贫和建档立卡工作。连接"第一书记"派出单位与入驻村，积极引导资金，发展扶贫项目，给农村带去优势，通过城市带动农村，通过干部帮扶基层，向农村输入资源，扶志扶智，实施教育扶贫，实现农村"造血"功能。确定农村脱贫方案，落实农村致富项目，引导各种利于农村发展的要素流向农村，引导社会资源投入农村发展，凝聚建设社会主义新农村、实现小康农村、实施乡村振兴战略的强大合力。从个人角度讲，"第一书记"选派到农村就是具有战略性前瞻性的眼光，要充分利用自身人脉资源和派出单位优势资源，依靠农村特色条件，引进项目、技术、资金，拉动项目支持，发挥农村隐性显性优势，注重扶贫质量，帮助所在村子创新发展路子，带领农民致富。

(三) 为民服务，认真办事，实现社会和谐稳定

"为人民服务"是我党的根本宗旨，也是"第一书记"的根本职责。"第一书记"入驻农村要改善为民办事服务程序，提高为民办事效率。在为民办事服务方面积极协调部门联系，做好为民办事服务事项的扩展，合理调整办事时间和程序。强化农民的培训教育，强化农村基础教育，进一步推进整改落实党的群众路线教育实践活动，时刻掌握村民思想动态，带领村级组织顺利开展为民服务，全程代理民事村办等各项农村农民工作，深入农民群体了解农民的疾苦，及时掌握群众动态向组织汇报，力求获得组织支持，切实为群众排忧解难，把

第八章 乡村振兴战略的"头雁"作用

为民办事服务落到实处,落实到人,打通服务群众的"最后一公里";与群众同吃同住同劳动,入户走访,努力办事;让群众感受到党的关爱并信任党,帮助群众解决生产生活中的实际困难,通过灵活多样的宣教手段让群众了解政策、理解政府、相信组织,密切党群关系,营造党群和谐氛围。

(四)提升治理水平,确保治理有效

党的十八届三中全会上提出:"全面深化改革的总目标是完善和发展中国特色社会主义制度,推进国家治理体系和治理能力现代化。"以选派"第一书记"驻村工作为抓手,推动新型农村的体系治理并重塑乡村宜居结构,是"第一书记"驻村工作的重中之重,关系今后乡村振兴战略实施的期望值。中央选派"第一书记"驻村是推动完善村党组织领导的充满活力的村民自治机制,倡导公平、公正、公开,指导完善民约村规修订,增强村民法治意识。激发农民内生动力,提升乡村治理能力,实现农村依法自治。加强农村集体所有的"资金、资产和资源"管理,落实"四议两公开",建立村务监督委员会,促进村级事务公开、公平、公正。组织领导解决"三农"问题;帮助农村党政领导干部提高依法依规办事的能力,普及法律知识并指导农村建立完善村规民约,弘扬社会主义文明新风,促进农村社会的和谐稳定,提升农村的整体治理水平。

三、乡村干部发挥的作用分析

乡村干部在乡村振兴一线了解国情、民情和农情,在推动落实乡村振兴政策、强化基层党建、组织实施扶贫项目、激发贫困群众内生动力、提升贫困村的治理水平等方面发挥了重要作用。

(一)传达中央政策与报送地方舆情

下达上传,顾名思义就是下情上传,使上面知道下面的情况或意见,上情下达,上面的情况或意见能够通达于下,在这里主要是指作为乡村干部要做好下情上传和上情下达工作。

乡村干部不仅是直接参与农村治理、带领贫困村实现脱贫的执行者,还有一个很重要的使命就是国家政策的宣传者、农村民意的忠实倾听者和诚信传递者。乡村干部入村后，正确传达国家、省、市、县的会议要领和文件精神，职责范围能解决的解决，不能解决的上传，要慎重领悟领导的意思，深刻理解并以通俗易懂的方式指导基层党员干部群众领会学习会议内容，以使上级宏观政策利于落实，如果有条件要建立政策传递机制，当好国家政策的宣教员。同时通过传递有利于农民致富、农村发展的政策内容，与基层干部一起落实国家的利农政策，切实解决群众的困难。

乡村干部传递好上级政策既可以消除农民顾虑，又可以为农村发展指明方向，使基层干部也有底气有信心开展工作，又可以让农民时刻感受到我们党始终把解决"三农"问题作为全党工作的重中之重，从而扩大农村群众基础，凝聚全民共识。乡村干部将有利于农民致富、农村发展的政策精神传递准确，不仅能够给农民致富、农村发展带来更加广阔的理论视野，同时还能调动群众为实现自身利益积极参与到农村治理中，也有利于提高农村治理效率，提升农村治理水平，更有利于增加农民朋友对上级政府的信任。

（二）巩固强化基层党建工作

2015年11月召开的中央扶贫开发工作会议上，习近平总书记强调，要根据贫困村的实际需求精准选配乡村干部抓党建促脱贫，真正建立以乡村干部为主导的乡村振兴的先锋队，巩固带领群众脱贫致富的战斗堡垒。

党组织"软、弱、涣、散"是农村党组织普遍存在的问题，有的行政村党支部书记由于个人原因长期离岗，有的则是由于水平能力工作难以胜任，诸如此类问题种种，长久积累，单纯靠农村基层党组织自身来说，已经自认此类问题不算问题，因此很难予以解决。所以，在农村党支部自身免疫力下降之际乡村干部正是要对症下药，对农村党建给以足够重视，以切实加强基层党建整顿建设。针对农村党组织"软、弱、涣、散"的问题，夯实党执政组织基础，让村民相信党组织、信任党员干部，密切与村民的血肉联系。

常言道："筑基不牢，地动山摇"，基层党组织建设是党的工作的重要基础。基层党组织建设牢固不牢固，关键还要紧紧依靠人民群

第八章　乡村振兴战略的"头雁"作用

众。乡村干部坚持走群众路线，在农村最基层、第一线开展工作，深入了解最基层的村情民意，只要有涉及村民公共利益的事情都要征求村民的意见，让农民从内心深处认同党的一切"三农"工作的出发点和落脚点都是为了农民。

坚持以稳妥有序的步骤开展党员工作，引导农村党员正确积极发挥先锋模范作用，选优配强村党组织书记，是建大建强农村党支部的重要手段。乡村干部和村支部书记都是党在农村基层组织中的战斗先锋，务必要直接联系群众、团结群众，把党的路线方针政策落实到基层，扎实推进抓党建工作促乡村振兴。

（三）着力推动乡村振兴工作

实行乡村干部制度是中央扶贫政策的落点，乡村干部是乡村振兴的支点，实现乡村振兴、农民步入小康的中坚力量。习近平总书记在乡村振兴工作中多次明确要求"因村派人要精准"，强调的就是要选准派强能充分正确发挥自身作用的乡村干部。深入学习，吃透政策精神，立足村情民意，站在统筹全局的角度思考、研判问题，站在目光长远的定位谋划、指导工作，既要明确方向准、基础牢、底子厚的工作，又要找准扶贫工作的切入口和着力点，看准聚焦，精准施力，查缺补漏一件一件地抓好落实。现今贫困农村，需要一支有恒心、有决心、有信心、有毅力、能力强的乡村干部队伍发挥好推贫致富"领头雁"作用来完成乡村振兴任务，实现乡村振兴战略，全面建成小康社会。

党的十九大报告提出：坚决打赢乡村振兴战，让贫困人口和贫困地区同全国一道进入全面小康社会，这是中国共产党的庄严承诺。乡村干部是顺利实施完成扶贫开发任务重要人才保障，要勇于担当、敢于冲锋，充分发挥自身动能作用，要大力宣传党的扶贫开发政策，深入推动强农惠农富农政策落实；带领党员干部和村"两委"党政领导干部以及工作人员开展扶贫，助力制订实施脱贫计划；促进本村贫困户脱贫致富；帮助农民选准发展路子，培育农民发展生产力，增加农村农民收入，增强农村"造血"功能。同时按照上级政策制度推动产业乡村振兴、生态扶贫、易地搬迁、危房改造，利用科技手段因村、因户、因人推进电商、光伏、金融、健康、教育等方面的扶贫政策，确保扶贫项目公平、公正、公开，扶到点上，扶到根上，打通乡村振兴"最后一公里"。

(四) 加强全民思想文化建设

全面建成小康社会、实现乡村振兴战略，农民是主体，农村是关键。农村小康社会的建设离不开强大思想文化力量的支持，是以良好的文明乡风作为支撑。党的十八大以来，全国陆续开展的以移风易俗为主要内容的乡风文明建设行动取得了巨大成就，雨后春笋般涌现出了一大批社会主义新农村，加强农村的思想文化建设，必须从构筑新时期提升农民思想文化素质的嵌入点作为抓手。

乡村干部可从制度落实、会议培训、电教传播、手机微信平台等可利用载体为当地农民提供健康向上的思想文化，提高农民的思想文化素质，构建新型农民思想文化体系，改进农民思维方式、拓宽农民思维领域，提升农民思维意识，从而实现农民思想文化建设的科学化。要把农村文化建设同农民的政治经济利益按照农民意愿紧密结合，以激发农民参与思想文化建设的积极性、主动性和创造性，提高农民的思想政治觉悟和道德水平，让农民真正享受文化建设带来的便利，让农村真正成为全社会思想文化建设的重要战略阵地。

靠思想文化教育提高党员素质，靠思想文化普及凝聚农民心智，靠思想文化建设促进发展路子，乡村干部坚持按照群众心声与需求宣传思想文化，更好地服务广大农民群众，推进农村文化事业不断向前，让广大农民群众更加团结党拥护党，推动社会主义和谐社会有利发展，助力乡村振兴战略顺利实施。

(五) 完善乡村治理体系

2017年10月，习近平总书记在中国共产党第十九次全国代表大会提出实施乡村振兴战略，按照"产业兴旺、生态宜居、乡风文明、治理有效、生活富裕"总体要求，推进乡村全面振兴。健全"自治、法治、德治"相结合的乡村治理体系是习近平新时代中国特色社会主义思想中的基本内容之一，是推进国家治理体系和治理能力现代化的重要方面。

第八章 乡村振兴战略的"头雁"作用

乡村干部作为乡村治理的外在领导力供给,深刻领会体系精神,发挥自身优势、借助外部资源,以建立健全"自治、法治、德治"的治理体系为技术指向,实现现有资源整合,实现乡村治理体系和治理能力与国家治理体系和治理能力体系的有机糅合,以治理的有效性作为乡村治理终极价值追求,强调通过"三治合一"充分发挥乡村治理体系的效能,推动乡村治理体系能力的提升,实现乡村治理体系结构的逐步完善。

(六)引领建设和谐稳定新农村

2018年4月25日,习近平总书记在安徽凤阳县小岗村主持召开农村改革座谈会上全面阐释农村改革、发展、稳定的重大课题时,强调指出,"农村稳定是广大农民切身利益,要坚定不移维护农村和谐稳定,努力让广大农民学有所教、病有所医、老有所养、住有所居。"这一重要论述深切体现了习近平总书记的农村发展情怀。

但是在和谐稳定农村建设过程中,发展的同时出现了农村社会管理失序、农村道德失范、农村公平失衡以及农村生态失衡等诸多问题,造成了农村的不和谐。比如民间纠纷增多、征地矛盾突出、群体性事件多发,最主要的还是干群矛盾难以解决,上访事件不断。乡村振兴战略背景下,乡村干部以驻村工作为契机,带领吸收农村有生力量,完善乡村治理体系和提高农村发展能力建设,极力构建农村干群、群众之间和谐人际关系网络,建立党员干部、农民道德激励约束机制,引导农民实现自我教育、自我管理、自我服务、自我提升,实现家庭和睦、邻里和谐、干群融洽、制度规范。为实现农村政治稳定、农业强盛、社会和谐、文化先进、生态平衡、农民富裕的目标,为构建社会主义和谐社会,为实现乡村全面振兴战略提供强有力的基础保障。

第九章 乡村振兴人才队伍建设

第一节 新型"三农"工作队伍助推乡村振兴战略

作为组织和实施乡村振兴战略最基层一线的"三农"干部，必须根据新形势新要求来不断提升个人及整个干部队伍的能力和素质，才能组织好、实施好乡村振兴战略并如期实现规定的目标任务。

一、懂农业

理论是实践的先导，只有"懂"才会"做"，如果不懂也勉强去做，只能是一种盲动与乱为，结果可能不堪设想。《中共中央国务院关于实施乡村振兴战略的意见》（以下简称《意见》）强调：乡村振兴，产业兴旺是重点。这意味着必须把发展多种形式的农业产业作为实施乡村振兴战略的重要工作来部署来强调。在该《意见》中，就如何发展农业产业问题，提出了5个方面的具体要求。对照这5个方面要求，无论哪一个方面，需要的都是比较专业的知识素养和能力储备，否则在部署和推进相关工作的实践中，就可能会一筹莫展。另外，这里所强调的"农业"，是包括农、林、牧、副、渔等在内的大农业，并非狭义的农业，这其实也意味着乡镇干部必须是行家——既要懂得农业发展的一般规律，也要清楚农业发展的特殊规律；既要能看到农业发展过程中所出现的表面问题，也要能抓住其中的本质问题；既要有抓农业产业发展的一般知识，也要有指导农业产业发展的特殊知识。总之，只有懂得做什么、怎么做，才能科学部署和推进工作。所以《意见》中强调：各级党委和政府主要领导要懂"三农"工作、会抓"三农"工作，分管领导要真正成为"三农"工作行家里手。

二、爱农村

农村，曾经是中国几千年来经济社会发展的重要场所，也是绝大多数乡镇干部心中念念不忘的乡愁所在之地。但是，随着经济社会的不断纵深发展，以及城乡二元经济结构的不断加剧，农村也成为落后、愚昧的代名词。目前，随着新农村建设的不断推进以及决胜乡村振兴战略步伐不断加快，我国农村的面貌和环境都发生了翻天覆地的变化，但是，毋庸讳言，目前农村仍然是绝大多数人不愿去、不愿待的地方，这主要是因为农村生活环境的脏、乱、差，农村经济条件的落后，如水、电、气、路、网络、学校教育、就医看病等，从而导致农村人口大量逃离农村，宁愿蜗居于城市边缘，部分乡镇干部也从心里鄙视农村不愿意踏进农村。如果布置安排某一项工作，要么是电话通知村干部，要么是叫村干部到乡镇办公室，除非不得已，几乎不到村组检查工作、落实情况、考察民情民意。之所以会出现这种情况，关键在于部分乡镇干部不热爱农村。心理学告诉我们：一个人只有热爱一种事物、一件东西、一个人，才会把自己的精力投入其中——为它（他、她）奉献自己的一切甚至牺牲一切。只有爱农村，才能对农村有归属感，长期扎根农村；只有爱农村，才能有深厚的农村情怀，才能有艰苦奋斗和无私奉献的精神，做振兴乡村的实践者。没有对农村深沉的爱，做一个合格的"三农"工作者就是一句空话。作为乡村振兴战略的组织者和实施者，广大乡镇干部一定要有热爱农村的心态，才能真正地为它出力、为它服务和为它奉献。

三、爱农民

农民是一个非常淳朴善良的阶层，绝大多数农民身上还保持着中华民族的传统美德，例如诚实、善良、务实、勤劳等。当前，有部分"三农"干部觉得农村工作越来越难做、农民越来越不听话，主要原因还是自身的工作方式方法存在问题，例如心里存在不相信群众和不尊重群众的意识、日常密切联系群众不够，喜欢对群众发号施令，习惯于用强制命令方式来推动落实工作。我们党一直强调要始终坚持群众路线，其根本目的就是要求广大干部相信群众、尊重群众，唯有如此，群众才能拥护你，才能全力支持你的工作。在全面实施乡村振兴战略的历史过程中，农民是振兴乡村的主体力量。作为"三农"干部，一定要始终牢记与贯彻好群众路线，要从心里真正热爱农民，把他们当作自己的亲人，认清与摆正自己的"公仆"角色和位置，只有这样，才能做到充分尊重群众的意愿，虚心听取群众的意见建议，充分发挥群众的聪明才智，广泛调动群众参与乡村振兴的积极性主动性，进而为乡村振兴战略的顺利实施和推进凝聚起强大力量。"爱农民"的核心要求就是要怀着对农民的深厚感情做好管理服务工作，为农民办实事、解难事，不断提升农民的获得感、幸福感与安全感。

四、会谋划

乡村振兴战略是一项系统工程、综合工程以及历史性工程。尽管其着眼点和核心是"三农"工作，但其背后所关涉的却是与"三农"工作大量相关的产业和政府职能部门。因此，要坚持工业农业一起抓，城市农村一起抓，把农业农村优先发展原则体现到各个方面，在某种程度上可以说，任何部门、任何产业、任何人，都是乡村振兴战略的主体，一个都不能少，一个也不能缺席。就目标任务而言，乡村振兴战略所要谋划的内容非常丰富，所要部署的方案非常庞杂，所要涉及的领域非常广泛，所以"三农"干部一定要"会谋划""善谋划"。《中共中央国务院关于实施乡村振兴战略的意见》强调：要科学把握乡村的差异性和发展走势分化特征，做好顶层设计，注重规划先行、突出重点、分类实施、典型引路，党政一把手是第一责任人，五级书记抓乡村振兴。作为"三农"干部特别是主要领导干部，一方面要认真学习领会所在县（市、区）党委、政府对乡村振兴战略的具体规划和发展布局，另一方面要切实依据乡镇经济社会发展实际情况，统筹安排与落实上级党委和政府所制定的规划与方案，确保乡村振兴战略行动有方案、工作有计划、部门有职责、人员有安排，画好路线图，制定时间表，确保乡村振兴战略有条不紊地得以实施与推进。

五、敢担当

乡村振兴战略所预设的战略目标和任务非常艰巨，需要投入巨大的人力物力财力，更需要"三农"工作队伍在实施过程中"敢担当""能担当"。

（1）要求广大"三农"干部能够充分发挥党员先锋模范作用及基层党组织的战斗堡垒作用，严格落实《乡村振兴战略规划（2018—2022年）》所突出强调的强化地方各级党委和政府在实施乡村振兴战略中的主体责任，推动各级干部主动担当作为的要求，为实现乡村振兴战略目标作出应有的贡献。

（2）无论是干部个人或所在部门的主要负责人，一定要切实完成好上级政府部门以及所在乡镇党委和政府下达或分配的工作任务，不能因为工作任务的繁重或艰难而打折扣、搞形式主义。

（3）"三农"干部要敢于及时对一些并不十分适合本地特点、条件的工作计划和方案提出不同意见建议，对实际工作过程中出现的问题要敢于担责。特别是在大是大非面前要旗帜鲜明，在矛盾冲突面前要较真碰硬，在急难险重面前要冲锋在前，对本职工作要任劳任怨、尽心竭力。

六、善创新

习近平总书记强调：创新是一个民族进步的灵魂，是一个国家兴旺发达的不竭动力，也是中华民族最深沉的民族禀赋。所谓创新是指在工作中要能够因地制宜、打破常规、知难而进、开拓进取。乡村振兴战略是党和政府解决"三农"问题、发展"三农"事业的重要抓手和重要举措。纵观党和政府历年来的"三农"政策和措施，乡村振兴战略是一种集大成式的"三农"工作战略和措施，它的顺利实施和稳步推进，不仅能够历史性地解决和完善"三农"问题，而且必将大大地促进农业现代化。作为一项史无前例的战略性工程，就"三农"干部而言，必须要有一种创新的思维和勇气，不仅要敢创新而且还要会创新，要把上级党委、政府的战略决策和部署与所在乡镇经济社会发展实际密切结合起来，真正做到因地制宜、科学施策，切忌生搬硬套、依葫芦画瓢，统筹推进乡镇经济建设、政治建设、文化建设、社会建设、生态文明建设和党的建设协调发展。

七、乐奉献

"讲奉献"是我们党的优良传统美德。作为一名"三农"干部，始终坚持发扬艰苦奋斗、无私奉献的精神，是做好乡村振兴工作的重要前提条件。只有保持艰苦奋斗、无私奉献的精神，才能团结带领广大农村群众积极投身于振兴乡村的伟大实践之中。事事讲报酬，时时想着怎样才能不吃亏，这样不仅不能全身心地干工作，而且可能葬送自己的美好职业前途；只有保持艰苦奋斗、无私奉献的精神，才能真正急群众之所急、想群众之所想，才会时时刻刻琢磨如何干好工作而非个人利害得失；只有保持艰苦奋斗、无私奉献的精神，才能团结带领好整个班子成员扎实推进乡村振兴战略，否则就会形成你看我我看你、谁也不想真干事真出力的"混日子"工作状态；只有保持艰苦奋斗、无私奉献的精神，才能在关键时刻顶得住压力、经受得住考验、战得胜挑战、克服得了困难。

第二节　新型职业农民培养政策解读与案例分析

一、什么是新型职业农民

新型职业农民是以农业为职业、具有相应的专业技能、收入主要来自农业生产经营并达到相当水平的现代农业从业者。新型农民与传统农民的差别在于，前者是一种主动选择的"职业"，后者是一种被动烙上的"身份"。新型职业农民分为生产经营型、专业技能型和社会服务型三种类型，但这三者往往是综合出现的。和传统的农民相比，新型职业农民有文化、懂技术、善经营、会管理，是农业发展真正的未来所在，也是推进农业机械化、发展生态农业、智慧农业和家庭农场等新型农业发展模式的主力。

新型职业农民概念的提出，意味着"农民"是一种自由选择的职业，而不再是一种被赋予的身份。从经济角度来说，它有利于劳动力资源在更大范围内的优化配置，有利于农业、农村的可持续发展和城乡融合发展，尤其是在当前人口红利萎缩、劳动力资源供给持续下降的情况下,更是意义重大;从政治和社会角度来说,它更加尊重人的个性和选择,更能激发群众的积极性和创造性,更符合"创新、协调、绿色、开放、共享"的发展理念。

新型职业农民的出现既是社会发展的结果,也是农业继续发展的必然要求。国外的农业经过一百多年的建设,新型职业农民已经很普遍,而我国的农业虽然发展历史十分悠久,但是农业现代化的速度还很缓慢,新型职业农业的培育还需要漫长的时间。

（一）新型职业农民"新"在哪里

跟传统农民相比,新型职业农民"新"在这几个方面,分别是具备现代农业生产经营的先进理念;具备现代农业所要求的能力素质;能够获得较高的收入,是新农业生产的继承人与开拓者。具体体现在以下几点。

（1）新的农业经营、农业专业化服务、农业管理的主体,既要懂经营,又要懂管理,还要为农业提供社会化服务。

（2）农业新知识的掌握者和传播者,只有广泛掌握生物科技、计算科学、现代管理等知识,才能提高农业在国际市场的竞争力。

（3）新技术、新品种、新技能的使用者和发明者,没有新的技术装备武装现代农业,就难以实现规模经济,而没有新的优良品种被培育推广,市场竞争力就难以提高。

（4）是现代农业新业态的创新者,新型职业农民将农产品的生产、加工、营销联结为一体,将特色农产品生产与农村生态旅游融为一体,使农业成为集种养、旅游、教育等于一体的多功能新业态。

（二）新型职业农民的主要类型

具体来说,新型职业农民可分为生产经营型、专业技能型和社会服务型三种类型。"生产经营型"新型职业农民是全能型、典型的职业农民,是现代农业中的"白领","专业技能型"和"社会服务型"新型职业农民是现代农业中的"蓝领",他们是"生产经营型"新型职业农民的主要依靠力量,是现代农业不可或缺的骨干农民。

1."生产经营型"新型职业农民

"生产经营型"新型职业农民,是指以家庭生产经营为基本单元,充分依靠农村社会化服务，开展规模化、集约化、专业化和组织化生产的新型生产经营主体。主要包括专业大户、家庭农场主、专业合作社带头人等。生产型职业农民掌握一定的农业生产技术，有较丰富的农业生产经验，直接从事园艺、鲜活食品、经济作物、创汇农业等附加值较高的农业生产的群体。

2．"专业技能型"新型职业农民

"专业技能型"新型职业农民，是指在农业企业、专业合作社、家庭农场、专业大户等新型生产经营主体中，专业从事某一方面生产经营活动的骨干农业劳动力。主要包括农业工人、农业雇员等。

3．"社会服务型"新型职业农民

"社会服务型"新型职业农民，是指在经营性服务组织中或个体从事农业产前、产中、产后服务的农业社会化服务人员，主要包括跨区作业农机手、专业化防治植保员、村级动物防疫员、沼气工、农村经纪人、农村信息员及全科农技员等。

二、国家培育新型职业农民的相关政策解读

2012年以来，按照党中央国务院的部署要求，农业部、财政部等部门启动实施新型职业农民培育工程，各地加大组织实施力度，创新机制、建立制度、健全体系，新型职业农民培育工作取得明显进展。

（一）农业农村部文件

2017年1月，农业部印发《"十三五"全国新型职业农民培育发展规划》，提出新型职业农民的培养目标："到2020年，新型职业农民队伍不断壮大，总量超过2 000万人，务农农民职业化程度明显提高；新型职业农民队伍总体文化素质、技能水平和经营能力显著改善；农业职业培训普遍开展……以公益性教育培训机构为主体、多种资源和市场主体有序参与的'一主多元'新型职业农民教育培训体系全面建立。"新型职业农民是发展现代农业的骨干力量，抓住人才，就是抓住了农业的关键；重视人才，就是重视农业的未来。当前，我们必须要顺应时代大势，加大对新型职业农民的培训力度，大力推进农民职业化进程，加快构建一支有文化、懂技术、善经营、会管理的新型职业农民队伍,为农业现代化建设提供坚实的人力基础和保障。

(二) 中央一号文件

中共中央在1982—1986年连续五年发布以农业、农村和农民为主题的中央一号文件,对农村改革和农业发展作出具体部署。2004—2021年又连续十八年发布以"三农"(农业、农村、农民)为主题的中央一号文件,强调了"三农"问题在中国社会主义现代化时期"重中之重"的地位。以2021年一号文件为例,文件指出,民族要复兴,乡村必振兴。要坚持把解决好"三农"问题作为全党工作重中之重,把全面推进乡村振兴作为实现中华民族伟大复兴的一项重大任务,举全党全社会之力加快农业农村现代化,让广大农民过上更加美好的生活。而这正与新型职业农民培养息息相关,只有将一部分高素质的青年农民留在农村从事农业生产,才能从根本上解决农村人才断档和"空心村"问题。因此,加强新型职业农民培训,是发展农业现代化的必然要求。在新型职业农民的培育工作中,积极探索出一条新型职业农民的培训新模式。

(三) 《关于政策性金融支持农村创业创新的通知》

政策性金融支持农村创业创新,要坚持政府引导、市场运作、统筹兼顾、突出重点,积极打造支持农村创业创新的品牌,聚焦重点领域支持农村创业创新。

1. 积极支持创业创新园区等创新体系建设

促进科技与农村经济融合发展,推动农村创业创新向更大范围、更高层次、更深程度发展,着力支持建设一批集标准化原材料基地、规模化种养设施、集约化加工园区和体系化服务网络于一体的各类现代农业产业园、农业科技园、农民创业园,支持创业创新示范基地、创业孵化基地、创客服务平台等,为农村创业创新奠定基础。

2. 积极支持返乡下乡人员培训基地建设

推动构建返乡创业服务体系,提高返乡下乡人员素质,支持返乡创业培训实习基地、中高等院校及农业企业创业创新实训基地、农民职业技能培训基地建设,支持培训创业扶贫一体化基地建设,以及对建档立卡贫困人口脱贫有带动作用的培训工程、创业培训平台建设、"互联网+"创业培训体系建设等，推动新型职业农民培育工程、农村青年"领头雁"计划、贫困村创业致富带头人培训工程等，为农村创业创新储备人才。

3. 积极支持返乡下乡本乡人员发展新产业新业态新模式

鼓励和引导返乡下乡本乡人员开展适度规模经营、创办经济实体和企业，按照全产业链、全价值链的现代产业组织方式开展创业创新，建立合理稳定的利益联结机制，提升农村融合型产业的辐射带动力，支持以农牧（农林、农渔）结合、循环可持续为导向，发展优质高效绿色农业的工程及项目，支持产业链条健全、功能拓展充分、业态新颖的新产业和新业态，鼓励和扶持创业基础好、能力强的返乡下乡本乡人员大力开发乡土乡韵乡情潜在价值，发展休闲农业、乡村旅游、农村电商等新兴产业，提升农业价值链，拓宽农村创业创新领域。

三、新型职业农民带动乡村振兴的典型案例分析

（一）昆山"四个培育"壮大新型职业农民队伍

近年来，昆山市以"探索建立高素质农民制度试点"国家级农村改革试验任务为抓手，强化体系建设，完善培育制度，扎实推进高素质农民培育工作，累计培育高素质农民 7 256 余人次，认定高素质农民 1 377 名，数量位列苏州市第一。

2012 年，昆山被确定为首批高素质农民培育试点县。2018 年，昆山承担全国农村改革试验任务"探索建立高素质农民制度试点"，是全国 4 个试点地区之一。创新出台《昆山市高素质农民成人学历教育实施方案》，与南京农业大学等高校开展大专、本科学历联合培养农民大学生，已有近 300 名高素质农民参加免费学历教育，该做法入选全国农民教育培训发展典型案例。

一是开展"订单式"定向培养。培养农业定向"委培生"，毕业后从事高素质农民岗位，已招生 5 届、144 名学生。组织 27 名青年参加农业院校的中、短期脱产培训，打造现代青年"农场主"。

第九章　乡村振兴人才队伍建设

二是开展"实战式"精准培育。大力开展农民田间学校（实训基地）建设，拥有国家级示范性农民田间学校 1 家、苏州市级农民田间学校（实训基地）3 家、昆山市级农民田间学校（实训基地）6 家。

三是开展"领军型"示范培育。评选十佳高素质农民、高素质农民标兵，分别奖励 10 万元、8 万元，并建立农业领军人才培养库予以重点培养。

四是开展"差异化"精细管理。坚持分类施策和因材施教，制定《昆山市中高级农民（生产经营型）评审细则》，2020 年率先认定了 70 名中高级农民，分类分层开展教育培训。

（二）新型职业农民牛庆花创业电商路带领村民致富

沂蒙山区是一片充满激情与奉献的红色热土。在乡村振兴的新战场上，继续谱写着带领村民们勤劳致富过上幸福生活的新篇章。本案例中的主人翁牛庆花就是这样一位让人敬佩的杰出女性。

蒙阴县晏婴故里果品专业合作社理事长牛庆花 2015 年底创办了网店"孟良崮果园"，蜜桃销售旺季月销 20 余万斤。现在牛庆花每天坚持直播 4 个小时，推荐蒙阴的农产品。她的粉丝有近 3 万人，每次直播都有 1 000 多名网友实时观看。在自己致富的同时，她还带动全村 16 户贫困户脱贫，被父老乡亲们称作新时代"沂蒙扶贫六姐妹"之一。为了帮助村民致富，她以高出市场价的价格收购老百姓的果品，给老百姓以真正的实惠。

牛庆花说，因为自己对果品品质把控得严格，还曾被老百姓调侃称"选苹果就像选对象一样"。不仅如此，2016 年 8 月，牛庆花还与野店镇北晏子村 16 户贫困户签订了农产品及就业帮扶合同，合同只签订了 1 年，牛庆花却履行了 6 年。她优先售卖贫困户的果品，给他们提供就业岗位，对贫困户从各个环节进行帮扶。为了帮助一个老大娘，牛庆花每次都会以比收购其他人高的价格来收购她的农产品。牛庆花觉得老大娘自己种的南瓜品质好，就指导她多种这一类的农产品，努力让她的农产品卖到最好。

2020 年 11 月 24 日，全国劳动模范和先进工作者表彰大会上，牛庆花荣获"全国劳动模范"称号。"劳动是一切幸福的源泉"，牛庆花说习总书记的这句话让她永远铭记,"荣誉不属于我一个人,是属于我们沂蒙山新型职业农民这个集体"。郑敬斌教授对此也感慨道,"从牛庆花身上,我们看到了沂蒙精神在新时代的一种践行,'听党话跟党走',敢斗争讲奉献,她用自己的爱心和初心赢得了一方群众的爱戴,用自己的勤劳善良换来了周边群众的脱贫致富"。

(三) 新型农民如何"养"成——浙江常山县农民素质培训调查

2021年3月27日,《经济日报》刊发《新型农民如何"养"成——浙江常山县农民素质培训调查》一文,围绕"常山阿姨"为啥俏、"订单班"精准对接、激活人才"一池春水"。深入报道常山10万新农民一技傍身,走上致富路的宝贵经验。文末特别刊登评论文章《农民培训要有针对性》,点赞常山的劳动力培训模式符合产业发展需求、农民自身需求、新型城镇化需求,值得借鉴推广。

早在2003年,浙江常山县作为第一批全国劳务输出工作示范县,就发起一种由政府买单、农民自主选择培训内容的劳务"培训券"制度。时至今日,当地劳务培训和输出有何新的进展?经济日报记者深入采访发现,常山县的农民培训并未停下脚步,形式、内容愈加丰富,让常山10万新农民有一技傍身,走上致富路。

"政府买单,我们接受培训,很实用。"早在2003年,浙江常山县为鼓励农民参加职业技能培训,推出了劳务"培训券"。这种做法得到了高度认可,2004年,"培训券"制度模式在浙江全省推广。2006年,常山县被原劳动和社会保障部确认为第一批全国劳务输出工作示范县。

如今,先行示范进展如何?经济日报记者调查发现,常山农民培训正从早期的"培训券"1.0版、农民学校2.0版,升级到如今的系统化培训3.0版——常山阿姨学院、乡村振兴学院、工匠学院等六大专业院校相继成立,全员化、精准化、分众化、特色化、数字化培育让常山10万新农民走上幸福之路。

(四) 新型职业农民成乡村振兴的中坚力量

新型职业农民是实施乡村振兴战略的中坚力量。截至2018年底,陕西省新型职业农民人数已达87 757人。2019年10月,国家统计局

第九章　乡村振兴人才队伍建设

陕西调查总队发布调查报告显示，陕西新型职业农民培育效果显著，新型职业农民队伍不断壮大，收入水平不断提高。受访的565位新型职业农民2018年人均年收入为2.8万元，是全省农村居民人均年收入的2.55倍。

2012年，陕西省率先开展职业农民研究和培育试点，先后出台了《关于加快推进新型职业农民培育工作的意见》《陕西省新型职业农民认定管理办法》，把职业农民培育工作纳入民生工程和新一轮农民增收规划，全省各地也相继出台了加强职业农民培育工作的意见。2018年，陕西省一号文件将新型职业农民培育工作纳入乡村振兴战略规划，西安、铜川、宝鸡、咸阳等地相继制定了具体落实措施。新型职业农民队伍不断壮大，日益成为农业现代化及乡村振兴的生力军。2018年，全省新增新型职业农民21 516人，较2017年的18 015人，增长了19.4%。截至2018年底，全省新型职业农民人数已达87 757人，其中持有初级证书79 157人，持有中级证书7 537人，持有高级证书1 063人。

从扶持政策受益面看，40.4%的新型职业农民表示享受到扶持政策。其中，49.8%享受到产业扶持政策，如土地流转、良种补贴、农机购置补贴等；33.5%享受到科技扶持政策，如农业科研成果的研发、推广、应用等；42.3%享受到金融支持政策，如创业担保贷款、财政贴息补贴等。

受访的新型职业农民2018年人均年收入28 595元，是全省农村居民人均年收入（11 213元）的2.55倍。47.6%的被访者家庭人均年收入达1万~5万元，16.6%的被访者家庭人均年收入达5万~10万元，9.7%的被访者家庭人均年收入达10万~20万元，6.2%的被访者家庭人均年收入达20万元以上。

新型职业农民收入增速明显高出普通农民。调查显示，收入增长的新型职业农民人均年收入比2017年增长64.6%，远高于同期陕西农民人均收入增速（2018年陕西农民人均年收入增长9.2%）。收入增长的主要原因有生产规模扩大、农产品价格上涨、种植养殖技术提高等。

调查显示，多数新型职业农民不是从事单一的生产经营，而是多种经营方式并存，但种养殖业和加工业收入是新型职业农民的主要收入来源。调查显示，85.5%的新型职业农民有来自种植业的收入，主要是蔬菜、菌类、花卉、水果等种植，最高的每亩净收入可达5.8万元；21.9%的新型职业农民有养殖业收入，主要是畜禽和鱼等养殖，年收入最高的达到100万元；8.8%的新型职业农民有农产品加工收入，年收入最高的达到135万元；23%的新型职业农民有工资性收入和农业农村服务收入，主要是提供养殖、种植方面的技术指导。

四、新型职业农民培育过程中存在的问题及解决对策

（一）新形势下新型职业农民培养过程中存在的问题分析

1. 制度方面

培养新型职业农民的过程中，现有制度体系有待进一步完善，这是新型农民培养工作低效推进、无序开展的主要原因。一方面，土地流转价格制度需要优化，政府部门应妥善处理土地流转规模、流转速度与流转资金配置间的关系，适当控制土地成本，进而调动新型农民积极性。另一方面，认证制度需详细改进，参照新型农民培养要求合理化、标准化认定农民素养，否则，农民质量短期内得不到提升。

2. 社会方面

据调查，截至2017年底，32.7%的村庄未安装路灯，69.4%的村庄未实现污水集中处理，42.1%的农村未完成改厕，农村互联网普及率为51.8%。

除此之外，大部分人民对新型农民持偏见，即根据主观意识对其评价，这在一定程度上会制约新型农民现代化发展，导致我国新农村建设工作受到阻碍。如果社会环境得不到改善、认知偏差长时间存在，那么新型职业农民培养工作的开展将举步维艰。

3. 教育方面

如今，新型农民接受的教育内容比较单一，教育模式陈旧，不能真正满足新型农民学习需要。由于农业问题日益复杂化，如果新型农民所接受的教育培训不足以引导农业实践，那么新型农民的学习热情

会逐渐降低，最终职业水平提升效果达不到预期要求。

4. 经济方面

新型职业农民培养工作离不开财政支持，一旦培训经费达不到实际需要，农民从业热情会大大减退，最终会降低农业发展质量。如今，职业农民在借贷方面存在一定阻力，大多数金融机构注重利益获取，由于职业农民可抵押物品数量有限，加之抵押物价值偏低，导致职业农民借贷成功率低。一旦农业生产生活的资金匮乏，意味着职业农民自我培养、自我能力提升等工作止步不前，这对农业发展、农村经济效益提高会产生程度不等的制约。

（二）解决策略

1. 优化相关制度

新型职业农民培养工作需循序式推进，从制度环境创设工作来讲，应得到政府部门的大力支持，通过发挥政府的保障性作用来落实此项工作。

一是优化内部合作机制、定期实施联席会议。各省、县加强联系，协商制定新型职业农民培养方案，同时，涉农部门主动与教育、政府等部门合作，以此强化合作力量。

二是完善外部合作机制。涉农部门在政府的领导下构建特色化培养机制，促进新型职业农民全方面发展。

三是建立健全相关制度。健全土地流转价格制度的过程中，充分体现农民的主体地位，鼓励农民提出建设性意见，这有利于调动农民从业积极性。与此同时，搭建土地流转交易平台，并成立监督小组，以此保证土地流转价格的合理性和公正性，针对潜在问题及时分析、有效处理。健全认定制度的过程中，将综合素养、从业技能纳入新型职业农民认定标准，引导新型农民对自我严格约束，并为其提供素养学习、技能培训机会，最后通过认定证书颁发的方式对其认可，这对新型职业农民规范化管理有积极影响。

2. 营造社会环境

新型职业农民培养环境优化期间，从社会环境营造工作入手。

一是引导国民对新型职业农民持正确认知，将其与传统农民有效区分，以便为新型农民培养工作创造良好氛围。具体来说，借助新媒体平台大范围宣传，使农民致力于加入新型职业农民行列；居住于城镇的农民有权享有平等的社会福利，这对城乡差距缩小、城乡融合发展有积极影响。

二是充分发挥新型职业农民的榜样作用。在全市以及全省选出农业方面的劳模代表，鼓励优秀职业农民分享从业经验，以此起到带动作用。

三是大力建设基础设施。为更好地助力新型职业农民培养工作，应适当完善基础设施，以便改善农民生存环境。在这一过程中，大力安装净水设施，并集中排放污水，优化水质，减少环境污染；引进节水设施，提高水资源利用率，引导农民养成节水意识；完善网络设施，大范围推广"互联网+"农业模式，加快农业信息化步伐。社会环境优化后，新型职业农民应强化责任意识，严格遵守社会环境维护要求，针对环境破坏行为及时制止，推动新型职业农民培养工作稳步开展。

3. 改进教育质量

在新型职业农民培养期间，适当优化教育环境，按照国家要求丰富教育内容，引导农民学习经营、管理、品牌营销等方面的知识，与此同时，农民适当创新经营理念，规范农业生产行为，努力成为合格的新型职业农民。具体来说，渗透可持续发展理念，鼓励农民利用闲暇时间阅读有关环境保护、维持生态平衡的书籍，使农民能够兼顾经济效益和生态效益，全面规范农业发展行为。尤为关键的是，新型职业农民应对自我合理定位，正确认知农村、农业间的关系，为新农村建设提供人力支持。除此之外，适当创新农业科技，通过引进新型农业技术、更新农业设备等措施提高农业生产力，这既能减轻新型职业农民工作压力，又能将科技兴农理念落实到产业发展中。由于现代农业发展要求动态变化，加之农业技术及设备不断更新，对于新型农民来说，应主动参与培训活动，主动学习理论知识，为新农村建设提供理论支持和实践指导。

第九章 乡村振兴人才队伍建设

4. 提供财金环境

财金环境即财政金融环境，政府部门应提供所需资金，通过资金渠道拓展、补贴方式创新等方式增加资金量。据报道，中央财政每年为新型职业农民培育工程提供专项资金11亿元，其中2017年增加到15亿元，生产经营型职业农民补助约3 000元，农业职业经理人补助资费相对较高；2018年中央财政为此项目提供20亿元补助资金，新型职业农民类别逐渐细化。为进一步加大培养力度、增加培养收入，有望将人均培养经费提高到3 500元左右。与此同时，乡镇企业、区域银行应积极参与，为新型职业农民培训提供支持，使新型职业农民培训项目在合力作用下顺利推进。经济条件允许的地区，适当成立培训机构，并引进先进的培训服务，将培训质量与培训费用紧密联系，全面发挥培训机构在新型职业农民培育、农业经济利润拓展等方面的作用。尤为关键的是，适当调整补贴方法，扩大补贴范围，为新型职业农民争取优惠，促进农业活动安全化、顺利化进行。除此之外，建立专项基金，适当降低借贷门槛。在这一过程中，政府出台系列化借贷鼓励政策，调动新型职业农民从业积极性，提高农业经济效益。新型职业农民培养期间，适当优化经济环境，能为农业良性发展提供可靠的经费保障，还能优化金融机构信贷体系，最终为农村经济活动有序推进、市场经济稳健发展提供有力的经济支持。

参考文献

薄宗仁, 2020. 新时代基层干部队伍建设问题与对策研究 [D]. 青岛大学.

李宏亮, 颛静莉, 2019. 乡村振兴带头人选用机制初探 [J]. 农家参谋 (24): 91-93.

李敏, 2020. 农村基层党组织要发挥好"头雁效应" [J]. 人民论坛 (27): 65-67.

《领导干部要讲政德》编写组, 2018. 领导干部要讲政德 [M]. 北京: 人民出版社.

欧健, 2021. 乡村振兴视域中村支书的角色期望及培养机制建构 [J]. 深圳大学学报 (人文社会科学版) (2): 77-80.

申莎莎, 2018. 当前农村基层党组织"领头雁"队伍建设研究 [D]. 河北经贸大学.

孙婷玉, 2016. 改革开放以来党的农村基层干部队伍建设历史考察 [D]. 辽宁师范大学.

王同昌, 郑海祥, 2021. 农村党组织带头人担当作为激励机制研究 [J]. 理论与评论 (2): 44-47.

肖纯柏, 2011. 农村基层党组织功能实现途径研究 [M]. 北京: 人民出版社.

肖国俊, 2018. 乡村振兴战略背景下农村干部队伍建设研究 [D]. 华南理工大学.

徐海燕, 2020. 专职化管理锻造"头雁"队伍 [J]. 唯实 (10): 39-43.

杨亚峰, 2020. 新时代村级党组织带头人政治能力提升路径研究 [D]. 湖南师范大学.

杨洋, 2020. 农村集体经济振兴的蕴含价值、现实困境与实现路径 [J]. 农村经济 (9) 26-29.

张福俭, 2018. 新时代党员干部如何提高政治能力 [M]. 北京: 北京日报出版社.

周星星, 2020. 乡村治理现代化视域下的农村干部队伍建设研究 [D]. 江西师范大学.